Eliseu Ribeiro Cherene Viana

VIRTUALIZAÇÃO DE SERVIDORES LINUX

PARA REDES CORPORATIVAS

Guia Prático

Virtualização de Servidores Linux para Redes Corporativas
Copyright© Editora Ciência Moderna Ltda., 2008.
Todos os direitos para a língua portuguesa reservados pela EDITORA CIÊNCIA MODERNA LTDA.
De acordo com a Lei 9.610 de 19/2/1998, nenhuma parte deste livro poderá ser reproduzida, transmitida e gravada, por qualquer meio eletrônico, mecânico, por fotocópia e outros, sem a prévia autorização, por escrito, da Editora.

Editor: Paulo André P. Marques
Produção Editorial: Camila Cabete Machado
Capa: Cristina Satchko Hodge
Diagramação: Janaína Salgueiro
Assistente Editorial: Martha Roberta Tavares da Cunha

Várias **Marcas Registradas** aparecem no decorrer deste livro. Mais do que simplesmente listar esses nomes e informar quem possui seus direitos de exploração, ou ainda imprimir os logotipos das mesmas, o editor declara estar utilizando tais nomes apenas para fins editoriais, em benefício exclusivo do dono da Marca Registrada, sem intenção de infringir as regras de sua utilização. Qualquer semelhança em nomes próprios e acontecimentos será mera coincidência.

FICHA CATALOGRÁFICA

Viana, Eliseu Ribeiro Cherene
Virtualização de Servidores Linux para Redes Corporativas
Rio de Janeiro: Editora Ciência Moderna Ltda., 2008.

1. Redes de Computadores; Linux
I — Título

ISBN: 978-85-7393-650-6   CDD 001642

Editora Ciência Moderna Ltda.
R. Alice Figueiredo, 46 – Riachuelo
Rio de Janeiro, RJ – Brasil   CEP: 20.950-150
Tel: (21) 2201-6662/ Fax: (21) 2201-6896
E-mail: Lcm@Lcm.com.br
www.Lcm.com.br   01/08

Sobre o Autor

Eliseu Ribeiro Cherene Viana, 25 anos, Formado em Processamento de Dados, atuando como administrador de redes em sistemas governamentais e apoiador SAP R3 em ambiente multinacional, certificado por diversas empresas do ramo.

AGRADECIMENTOS

Obrigado Senhor, por tudo o que foi reservado pra mim antes mesmo de ser gerado. Pai e Mãe, por nunca desistirem de mim. Raquel, por todo o seu carinho, amor e dedicação. Amigos do SAP, por acreditarem, valeu: Jansey, Tiago Campos e Weldson.

Deus foi fiel.

Introdução

Proposta do Livro

PROPOMOS AO CARO LEITOR UMA ABORDAGEM DE CLARO ENTENDIMENTO PARA IMPLANTAÇÃO DE UMA REDE CORPORATIVA DE USO ADMINISTRATIVO PARA PEQUENAS E MÉDIAS EMPRESAS.

Como experiência própria, vejo muita carência nas pequenas e médias empresas de uma estrutura firme e funcional de sistemas informatizados, deixando muito a desejar com serviços de Tecnologia da Informação (TI), dificultando e gerando problemas que poderiam ser resolvidos de forma fácil e com pouco investimento financeiro em equipamentos, neste livro você vai aprender a criar uma estrutura de servidores físicos e virtuais para atender as necessidades de uma empresa, provendo serviços altamente disponíveis, a fim de atender necessidades básicas, disponibilizando serviços como:

1. Acesso à internet compartilhado, seguro e controlado.

2. Compartilhamento de arquivos entre setores de forma segura e acessível.

3. Comunicação digital entre setores e funcionários da empresa.

4. Controle de usuários.

VIII ➤ Virtualização de Sevidores Linux

5. Servidores Web, FTP e e-mail.
6. Servidor DHCP.
7. Armazenamento Centralizado.

PLATAFORMA DE TRABALHO

• FLUXOGRAMA ORGANIZACIONAL DOS SERVIDORES

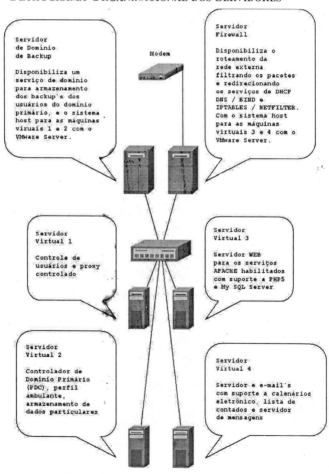

Introdução ➤ IX

SISTEMAS OPERACIONAIS E PROGRAMAS UTILIZADOS

➤ SLACKWARE LINUX 12.0

Será usado para o nosso servidor Firewall.

Pode ser adquirido em: http://www.slackware.com/getslack/

A última atualização desta versão foi feita em 02 de julho de 2007.

➤ UBUNTU 7.10

Servidor Web com suporte PHP5 e com base de dados My SQL.

Pode ser adquirido em: http://www.ubuntu.com/getubuntu/download

A última atualização desta versão foi feita em 18 de outubro de 2007.

➤ EBOX 0.99

Servidor virtual 2. Vide fluxograma organizacional dos servidores.

Pode ser adquirido em: http://ebox-platform.com/downloads/ebox-installer.iso

A última atualização desta versão foi feita em 08 de Junho de 2007.

X ➤ Virtualização de Sevidores Linux

➤ UBUNTU 7.10

Servidor de domínio de backup.

Pode ser adquirido em: http://www.ubuntu.com/getubuntu/download

A última atualização desta versão foi feita em 18 de outubro de 2007.

➤ EXPRESSO LIVRE

Servidor de e-mail.

Pode ser adquirido em: http://www.expressolivre.org

➤ VMWARE SERVER 1.03

Pode ser adquirido em:

http://download3.vmware.com/software/vmserver/VMware-server-1.0.3-44356.tar.gz. Somente para plataforma Linux.

http://download3.vmware.com/software/vmserver/VMware-server-installer-1.0.3-44356.exe. Para plataformas Windows, caso você queira configurar e administrar a máquina virtual a partir de uma estação Windows.

A última atualização desta versão foi feita em 26 de abril de 2007.

SUMÁRIO

Servidor BDC (Servidor Físico 1) Backup Domain Cotroller 1

O SAMBA como BDC (Backup Domain Controller) 15

Instalando o VMware Server no Ubuntu 27

Servidor Virtual 1 (Servidor Proxy) 33

Criando uma Máquina Virtual 39

Instalando o Slackware como Servidor Virtual de Proxy 49

Configurando o Servidor Proxy 55

Servidor Virtual 2 – PDC Primary Domain Cotroller - EBOX (Servidor Virtual 2) 73

Criando a Máquina Virtual para o EBOX 79

Instalando o EBOX 87

Instalando o EBOX 97

Atualização e Instalação Automática dos Pacotes 101

Configurando o EBOX 107

Slackware Linux como Servidor Firewall 121

Inicialização do Slackware e Configuração de Rede 137

Configurando o IPtables / Netfilter 149

Servidor DHCP 163

Servidor DNS / BIND 171

Instalando o VMware no Slackware 183

WEB / PHP5 / My SQL 187

Serviços de e-mail 193

Configurando Clientes (Windows XP Professional) 205

Servidor de Domínio Primário no Ubuntu 7.10 211

Bibliografia 231

Capítulo 1

SERVIDOR BDC (SERVIDOR FÍSICO 1) BACKUP DOMAIN COTROLLER

SERVIDOR FÍSICO 1

INSTALANDO O UBUNTU 7.10

*UM SERVIDOR DE DOMÍNIO CONSISTE EM UM SERVIDOR DEDICADO QUE AUTENTICA OS USUÁRIOS E DEFINE OS ACESSOS À REDE PERMITINDO UM MAIOR GERENCIAMENTO DOS USUÁRIOS, SERÁ USADO UBUNTU LINUX EM SUA VERSÃO 7.10, COMO CONTROLADOR DE DOMÍNIO, GERENCIANDO O BACKUP DA HOME DOS USUÁRIOS E, AO MESMO TEMPO, DANDO SUPORTE A 2 SERVIDORES VIRTUAIS, UM SERVIDOR PROXY E UM SERVIDOR DE DOMÍNIO PRIMÁRIO, QUE ARMAZENARÁ OS PERFIS DOS USUÁRIOS E ARQUIVOS CORPORATIVOS E INDIVIDUAIS. AMBOS USANDO O **EBOX** – UMA OUTRA DISTRIBUIÇÃO QUE SERÁ VISTA MAIS TARDE.*

2 ➤ Virtualização de Sevidores Linux

INSTALAÇÃO

Configure a Bios do servidor para iniciar como boot pelo CD, aparecerá a seguinte tela, com as setas do teclado navegue nas opções disponíveis e selecione **Install to the hard disk** e aperte Enter.

Figura 1

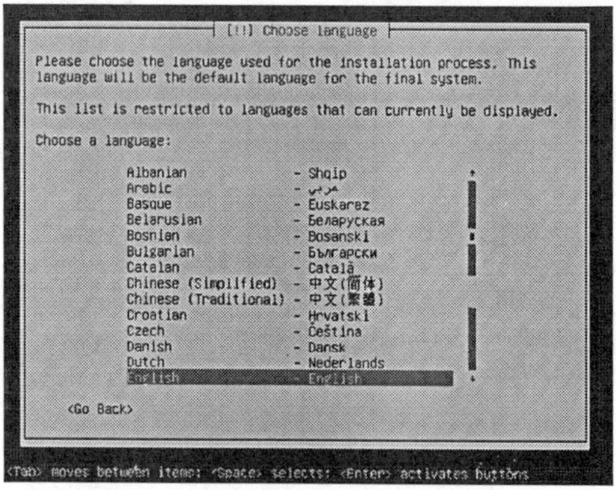

Figura 2

Capítulo 1 - Servidor BDC (Servidor Físico 1) Backup Domain Cotroller ➢ 3

Selecione a linguagem desejada.

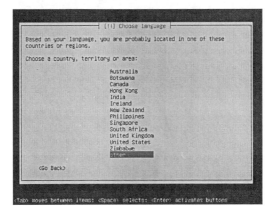

Figura 3

Escolha a linguagem usada na sua localidade.

Figura 4

Selecione o território usado para esta linguagem.

4 ➤ Virtualização de Sevidores Linux

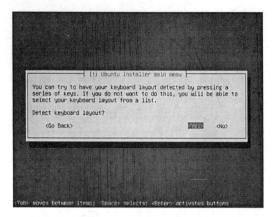

Figura 5

Marque <YES> para a detecção do layout do teclado.

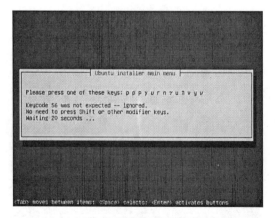

Figura 6

O sistema solicitará que digite os caracteres que existem no seu teclado de acordo com os exibidos.

Capítulo 1 - Servidor BDC (Servidor Físico 1) Backup Domain Cotroller ➢ 5

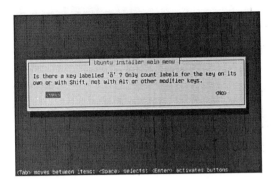

Figura 7

O sistema irá perguntar se está tudo OK e se o caracter digitado confere com o mostrado na tela aperte <YES>, caso contrário <NO>.

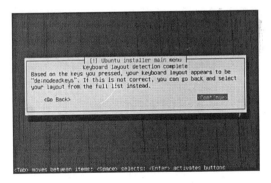

Figura 8

O instalador exibirá uma mensagem informando que a detecção do teclado foi concluída. Aperte <continue> para prosseguir.

6 ➤ Virtualização de Sevidores Linux

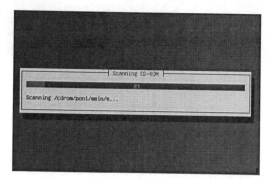

Figura 9

Agora terá início a leitura do CD-ROM para a leitura dos aquivos de instalação.

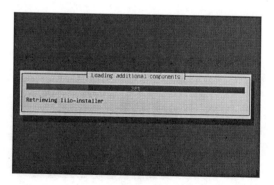

Figura 10

Capítulo 1 - Servidor BDC (Servidor Físico 1) Backup Domain Cotroller ➢ 7

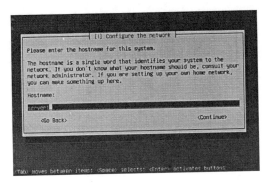

Figura 11

Dê um nome ao servidor.

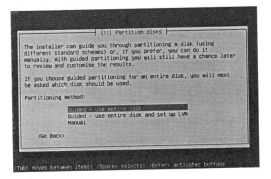

Figura 12

Siga os passos especificados nas figuras 12,13,14,15 para um particionamento de disco inteiro e com definição de tamanho das partições automático.

8 ➤ Virtualização de Sevidores Linux

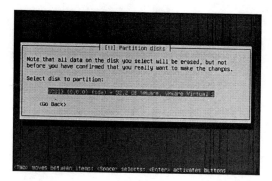

Figura 13

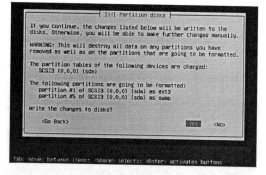

Figura 14

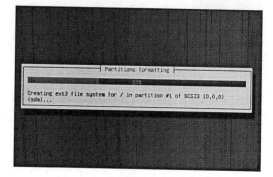

Figura 15

Capítulo 1 - Servidor BDC (Servidor Físico 1) Backup Domain Cotroller ➢ 9

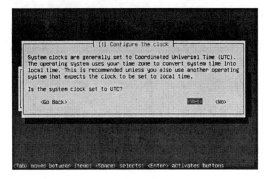

Figura 16

Aperte <YES> para configurar o relógio automaticamente.

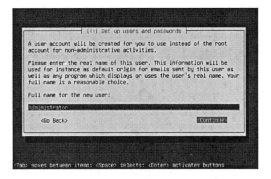

Figura 17

De acordo com as figuras 17,18,19,20 configure o usuário que será o administrador do sistema.

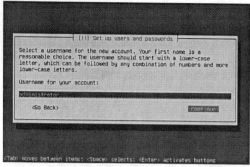

Figura 18

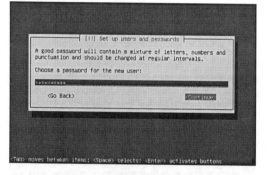

Figura 19

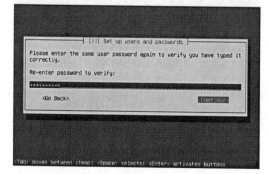

Figura 20

Capítulo 1 - Servidor BDC (Servidor Físico 1) Backup Domain Cotroller ➢ 11

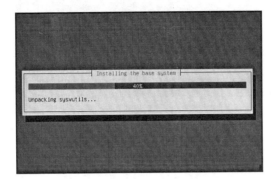

Figura 21

O instalador irá copiar o sistema base.

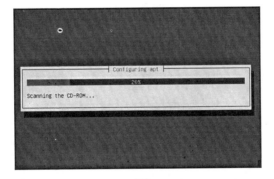

Figura 22

Automaticamente ele irá configurar o **apt**.

12 ➤ Virtualização de Sevidores Linux

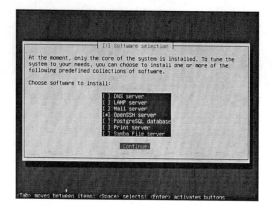

Figura 23

Escolha o tipo de servidor. Para nosso estudo, marque as opções: LAMP server, OpenSSH server, PostgreSQL database e Samba file server, pois com esses pacotes de software teremos as ferramentas necessárias para fazer o servidor de domínio.

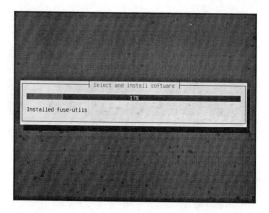

Figura 24

Instalando o grupo de pacotes selecionado.

Capítulo 1 - Servidor BDC (Servidor Físico 1) Backup Domain Cotroller ➢ 13

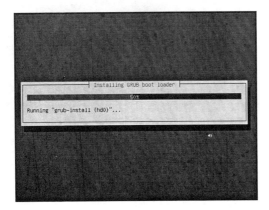

Figura 25

Instalando o GRUB, que será o nosso gerenciador de BOOT.

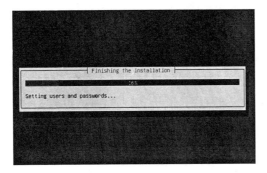

Figura 26

Finalizando a instalação.

14 > Virtualização de Sevidores Linux

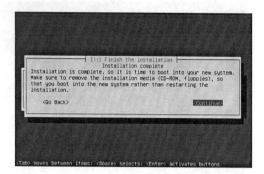

Figura 27

Instalação completa. Aperte <continue> para finalizar e em seguida retire o cd de instalação do drive e o sistema irá iniciar pela 1ª vez.

O SAMBA COMO BDC
(BACKUP DOMAIN CONTROLLER)

SERVIDOR FÍSICO 1

*NESSE CAPÍTULO SERÁ CONFIGURADO O **SAMBA**, QUE CONSISTE EM UM SOFTWARE QUE FAZ A COMUNICAÇÃO ENTRE WINDOWS E LINUX, SENDO UTILIZADO PARA COMPARTILHAR ARQUIVOS E IMPRESSORAS E TAMBÉM UTILIZADO PARA SER UM **BDC**, **(BACKUP CONTROLER)**, OU SEJA, CONTROLADOR DE DOMÍNIO DE BACKUP, PARA ADMINISTRAR OS BACKUPS DOS USUÁRIOS.*

16 ➤ Virtualização de Sevidores Linux

Configurando o Servidor de Domínio

Como padrão, o usuário root vem bloqueado, habilite o usuário root com os seguintes comandos:

```
sudo passwd root
su
```

Em seguida, cadastre a senha do root.

Configure a rede editando o arquivo **/etc/network/interfaces** conforme especificado a seguir, partindo da configuração do gateway 192.168.1.1 que foi visto na configuração do firewall.

Digite:

```
vi /etc/network/interfaces
```

```
# This file describes the network interfaces available on your system
# and how to activate them. For more information, see interfaces(5).
# The loopback network interface
auto lo
iface lo inet loopback
# This is a list of hotpluggable network interfaces.
# They will be activated automatically by the hotplug subsystem.
mapping hotplug
        script grep
        map eth0
# The primary network interface
auto eth0
iface eth0 inet static
        address 192.168.1.100
        netmask 255.255.255.0
        network 192.168.1.0
        broadcast 192.168.0.255
        gateway 192.168.1.1
```

Capítulo 2 - O SAMBA como BDC (Backup Domain Controller) ➤ 17

Em seguida reinicie o serviço de rede com o comando:

```
etc/init.d/networking restart
```

Defina o hostname do servidor digitando o comando a seguir:

```
vi /etc/hosts
```

```
127.0.0.1        localhost.localdomain  localhost     server1
192.168.0.100    server1.exemplo.com    server1
# The following lines are desirable for IPv6 capable hosts
::1      ip6-localhost ip6-loopback
fe00::0 ip6-localnet
ff00::0 ip6-mcastprefix
ff02::1 ip6-allnodes
ff02::2 ip6-allrouters
ff02::3 ip6-allhosts
```

Atualize o sistema:

```
apt-get update
apt-get upgrade
```

Instale o servidor SSH para poder acessá-lo remotamente mais tarde:

```
apt-get install ssh openssh-server
```

Nos próximos passos será acessado o servidor a partir de um terminal Windows via **putty**, que se trata de um pequeno software que conecta via ssh a linha de comando do servidor permitindo configurações remotas. Será utilizado também o **WinSCP** que é um pequeno programa para transferência de arquivos via ssh. A seguir o link para baixá-los gratuitamente.

18 ➤ Virtualização de Sevidores Linux

HTTP://WWW.CHIARK.GREENEND.ORG.UK/~SGTATHAM/PUTTY/

HTTP://SOURCEFORGE.NET/PROJECT/DOWNLOADING.PHP?GRO UPNAME=WINSCP&FILENAME=WINSCP403SETUP.EXE&USE_ MIRROR=UFPR

Seguem as telas explicativas de como se conectar tanto no Putty quanto no WinSCP:

Figura 1

Capítulo 2 - O SAMBA como BDC (Backup Domain Controller) ➤ 19

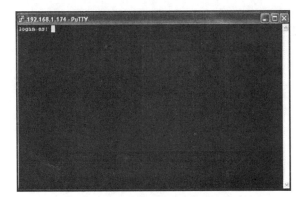

Figura 2

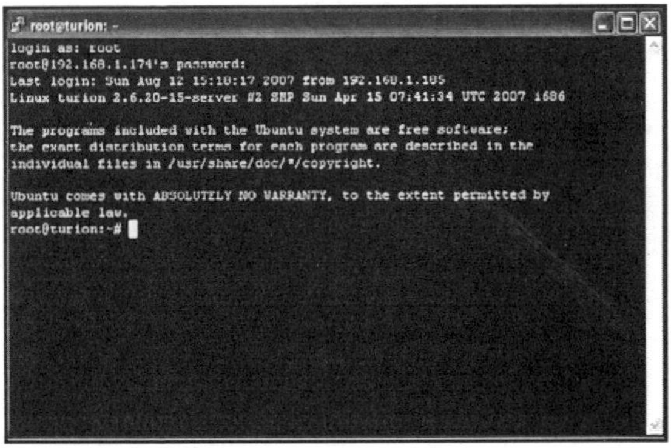

Figura 3

20 ➢ Virtualização de Sevidores Linux

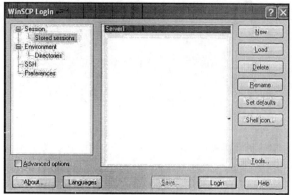

Figura 4

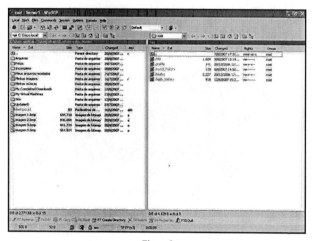

Figura 5

INSTALANDO E CONFIGURANDO O SAMBA

Conecte-se ao servidor via Putty e digite os comandos abaixo para baixar e instalar o Samba e seus adicionais necessários.

```
apt-get install samba samba-common samba-doc libcupsys2-gnutls10
libkrb53 winbind smbclient
```

Agora vá ao arquivo de configuração, abra pelo WinSCP e você terá um editor do próprio programa com fácil utilização. Basta ir ao diretório:/**etc/samba** e dar dois cliques em cima do arquivo **smb.conf**, que deverá ficar da forma mostrada a seguir:

```
[global]
    workgroup = MYWORKGROUP
    netbios name = SERVER1
    server string = %h server (Samba, Ubuntu)
    passdb backend = tdbsam
    security = user
    username map = /etc/samba/smbusers
    name resolve order = wins bcast hosts
    domain logons = yes
    preferred master = yes
    wins support = yes

    # Default logon
    logon drive = H:
    logon script = scripts/logon.bat
    logon path = \\home\samba\%U

    # Useradd scripts
    add user script = /usr/sbin/adduser --quiet --disabled-
password --gecos "" %u
    delete user script = /usr/sbin/userdel -r %u
    add group script = /usr/sbin/groupadd %g
    delete group script = /usr/sbin/groupdel %g
    add user to group script = /usr/sbin/usernod -G %g %u
    add machine script = /usr/sbin/useradd -s /bin/false/ -d /var/lib/nobody %u
    idmap uid = 15000-20000
    idmap gid = 15000-20000
    template shell = /bin/bash
```

22 ➤ Virtualização de Sevidores Linux

```
# sync smb passwords woth linux passwords
passwd program = /usr/bin/passwd %u
passwd chat = *Enter\snew\sUNIX\spassword:* %n\n *Retype\snew\sUNIX\spas-
sword:* %n\n *password\supdated\ssuccessfully* .
passwd chat debug = yes
unix password sync = yes


# set the loglevel
log level = 3
[homes]
   comment = Home
   valid users = %S
   read only = no
   browsable = no
[netlogon]
   comment = Network Logon Service
   path = /home/samba/netlogon
   admin users = Administrator
   valid users = %U
   read only = no
   guest ok = yes
   writable = no
   share modes = no
```

Crie os diretórios para os logons e os profiles:

```
mkdir /home/samba
mkdir /home/samba/netlogon
mkdir /var/spool/samba
chmod 777 /var/spool/samba/
chown -R root:users /home/samba/
chmod -R 771 /home/samba/
```

Reinicie o servidor Samba:

```
/etc/init.d/samba restart
```

Edite o arquivo **/etc/host** e coloque o IP e os nomes das estações que irão participar do domínio de backup.

```
[...]
192.168.0.100 server1
192.168.0.110 workstation1
192.168.0.111 workstation2
192.168.0.112 workstation3
192.168.0.113 workstation4
[...]
```

Adicione o root no Samba:

```
smbpasswd -a root
```

Crie o arquivo /etc/samba/smbuser e execute:

```
echo "root = Administrator" > /etc/samba/smbusers
```

Agora visualize o resultado:

```
smbclient -L localhost -U
```

24 ➤ Virtualização de Sevidores Linux

Deverá ficar mais ou menos assim:

```
Domain=[MYWORKGROUP] OS=[Unix] Server=[Samba 3.0.22]
        Sharename       Type        Comment
        ---------       ----        -------
        public          Disk
        print$          Disk        Printer Drivers
        netlogon        Disk        Network Logon Service
        IPC$            IPC         IPC Service (server1 server (Samba, Ubun-
tu))
        ADMIN$          IPC         IPC Service (server1 server (Samba, Ubun-
tu))
Domain=[MYWORKGROUP] OS=[Unix] Server=[Samba 3.0.22]
        Server                      Comment
        ---------                   -------
        SERVER1                     server1 server (Samba, Ubuntu)
        Workgroup                   Master
        ---------                   -------
        MYWORKGROUP                 SERVER1
```

Configure os grupos de domínio do Windows:

```
net groupmap modify ntgroup="Domain Admins" unixgroup=root
net groupmap modify ntgroup="Domain Users" unixgroup=users
net groupmap modify ntgroup="Domain Guests" unixgroup=nogroup
```

ADICIONANDO USUÁRIOS

Adicione primeiramente no sistema.

```
useradd usuario -m -G users
```

Em seguida no Samba.

```
smbpasswd -a usuario
```

Reinicie o servidor Samba.

```
/etc/init.d/samba restart
```

Está pronto o domínio de backup.

Este servidor funcionará de forma que o backup das homes dos usuários serão copiados através do sistema de backup do EBOX.

Instalando o VMware Server no Ubuntu

SERVIDOR FÍSICO 1

Nos dias de hoje, com a tecnologia em alta evolução, podemos contar com ferramentas e recursos que nos auxiliam e melhoram a vida, principalmente dos Administradores de Rede. Estes profissionais necessitam do melhor que existe em TI para desenvolver o seu trabalho com a maior eficiência e desempenho. Estão sempre em busca de um bom resultado e de formas mais funcionais para os usuários da rede. Isto possibilita a redução de custos na aquisição de novos servidores. Usaremos em nosso estudo as seguintes ferramentas: VMware Server for Linux. Podemos fazer os downloads e obter mais informações em www.VMware.com.

Informações Gerais

O que é Virtualização?

Do latin *virtus*, virtual significa: susceptível de se exercer ou realizar, imagens formadas pelos prolongamentos destes. Neste caso se trata de formar uma imagem de um computador com o prolongamento de um outro. Resumindo, será criado um computador virtual dentro de um computador físico, usando recursos do mesmo, sendo configurado pelo seu criador.

Programas para Virtualização

Podem ser citados diversos programas distintos com funcionalidades diferenciadas, os mais usados são: VMware, Virtual PC, Xen, OpenVZ e etc. Neste estudo será usado o VMware Server for Windows.

Como Diferenciar o Físico do Virtual?

Todo sistema de virtualização de computadores, são denominados HOST o computador físico e GUEST o computador virtual que assumirá as configurações definidas pelo administrador.

Quais os Benefícios da Virtualização?

Com certeza você preferiria economizar cerca de 70% na montagem dos seus servidores. Pensando nisso é aplicada a virtualização, que nada mais é do que um software que emula um computador dentro de um computador físico, sendo necessário apenas investir um pouco mais em memória RAM e espaço em disco. Por exemplo, uma máquina virtual criada em seu computador com um disco virtual de 10 GB ocupará em seu HD cerca de 12 GB. Outro benefício é que uma máquina virtual pode ser compactada e salva em um CD ou DVD, tendo uma taxa de compactação em média de 80 a 90%, sendo possível usá-la em qualquer computador com o software específico instalado, facilitando o backup e dando mobilidade aos seus servidores.

SISTEMAS DE ARQUIVOS NA VMS

As VMS (ou Virtual Machines) usam um sistema onde todos os dados são armazenados em alguns poucos arquivos assumindo o tamanho do disco criado. Dentro destes arquivos funciona um sistema de partição de acordo com o SO instalado. Pode-se também reservar uma partição física para ser armazenado todos os dados e sistema que você decidir instalar, podendo ser EXT3, REI-SERFS, NTFS, FAT 32, FAT 16 e etc.

FUNCIONAMENTO DO SISTEMA DE REDE DAS MÁQUINAS VIRTUAIS NO VMWARE

Podem ser escolhidas quatro formas para o funcionamento da rede:

1. Use *bridged networking*: esta função faz um clone da sua placa de rede física, um outro endereço MAC e um outro IP, funcionando exatamente como se você tivesse uma só placa de rede criando agora a segunda, assumindo um IP via DHCP caso tenha um servidor em sua rede para esta função. Caso contrário você deverá especificar um IP fixo.

2. *Use network address translation (NAT)*: caso você acesse o Host de forma externa sendo ela dial-up, VPN, banda larga, rádio ou outros. Escolha esta função para que seja possível uma conexão que assuma um IP fornecido pelo servidor remoto. Esta forma de conexão é usada caso você esteja testando ou se conectando a um provedor de acesso.

3. *Use host-only networking*: ele simplesmente se conecta com o mesmo IP e endereço MAC da placa de rede física assumindo o computador físico e funcionando paralelamente.

4. *Do not use a network connection:* não existe conexão com a rede.

CONSIDERAÇÕES DE SEGURANÇA

A segurança é algo extremamente importante, pois se não houver não adianta de nada termos computadores e servidores. Mais vale lembrar e ressaltar que a segurança de um sistema é feita e é de total responsabilidade do seu administrador e deve ser implementada pelo mesmo. Esta situação será tratada de forma explicativa no item FIREWALL da configuração do sistema que será visto mais adiante.

INSTALANDO O VMWARE NO UBUNTU 7.10

PREPARANDO O SISTEMA

Instale e compile os módulos e utilitários necessários para o VMware.

```
aptitude install linux-headers-`uname -r` build-essential
aptitude install xinetd
```

Faça o download do VMware server em:

 HTTP://WWW.VMWARE.COM/DOWNLOAD/SERVER/

Caso o VMware seja a versão mais recente, baixe a atualização do mesmo em:

Capítulo 3 - Instalando o VMware Server no Ubuntu ➤ 31

 HTTP://FTP.CVUT.CZ/VMWARE/VMWARE-ANY-ANY-UPDATE109.TAR.GZ

Para instalar digite:

```
tar -xzf /Path/To/VMware-server-1.0.3-xxx.tar.gz

cd VMware-server-distrib

sudo VMware-install.pl
```

Para configurar use o seguinte comando:

```
"/usr/bin/VMware-config.pl".
```

Antes atualize os pacotes do VMware. Entre no diretório onde salvou o pacote de atualização, descompacte-o e rode a instalação. Em seguida a configuração.

```
cd /VMware-any-any-update109

tar xvzf /Path/To/VMware-any-any-update109.tar.gz

sudo ./runme.pl

sudo VMware-config.pl
```

Agora entre no VMware Console. Poderá ser pelo próprio Linux ou por uma estação Windows, como será abordado mais adiante.

SERVIDOR VIRTUAL 1 (SERVIDOR PROXY)

SERVIDOR VIRTUAL 1

INSTALANDO O VMWARE CONSOLE NO WINDOWS

Baixe o VMware para Windows em:

HTTP://WWW.VMWARE.COM/PRODUCTS/SERVER/ E SIGA A INSTALAÇÃO CONFORME AS TELAS A SEGUIR:

34 ➢ Virtualização de Sevidores Linux

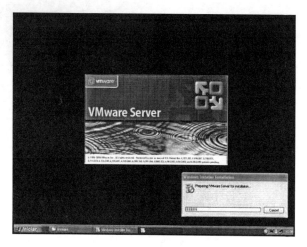

Figura 1

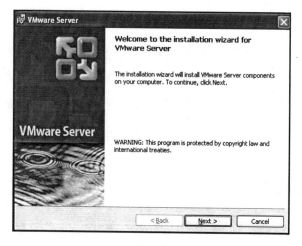

Figura 2

Capítulo 4 - Servidor Virtual 1 (Servidor Proxy) ➢ 35

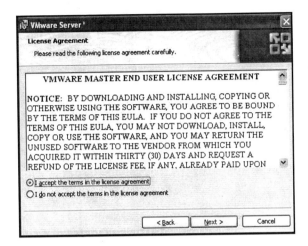

Figura 3

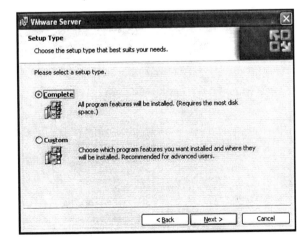

Figura 4

36 ➤ Virtualização de Sevidores Linux

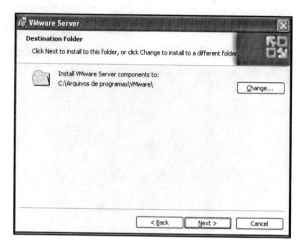

Figura 5

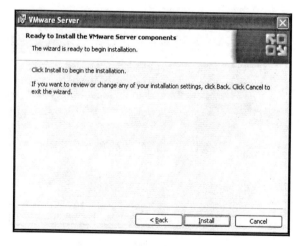

Figura 6

Capítulo 4 - Servidor Virtual 1 (Servidor Proxy) ➢ 37

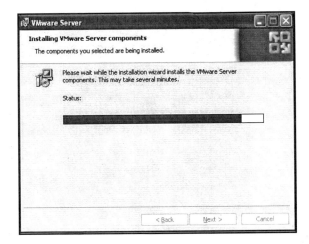

Figura 7

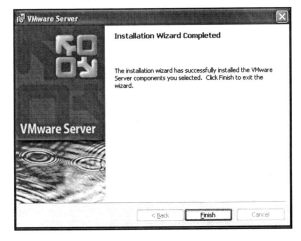

Figura 8

Criando uma Máquina Virtual

Servidor Virtual 1

Será criada uma máquina virtual com o Slackware 12 como sistema operacional, com base em nosso servidor Ubuntu criado anteriormente. Siga os passos para a criação da VM (Virtual Machine).

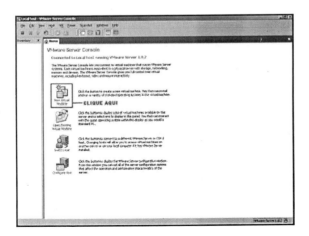

Figura 1

40 ➤ Virtualização de Sevidores Linux

Clique em **New Virtual Machine**.

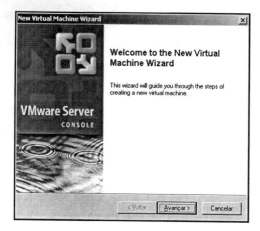

Figura 2

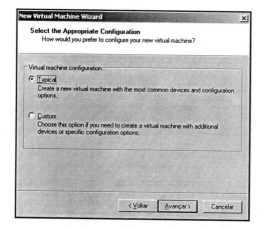

Figura 3

Capítulo 5 - Criando uma Máquina Virtual ➢ 41

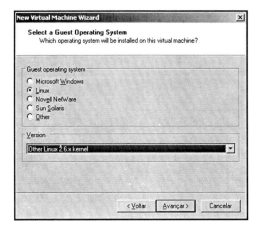

Figura 4

Selecione Linux com kernel 2.6.

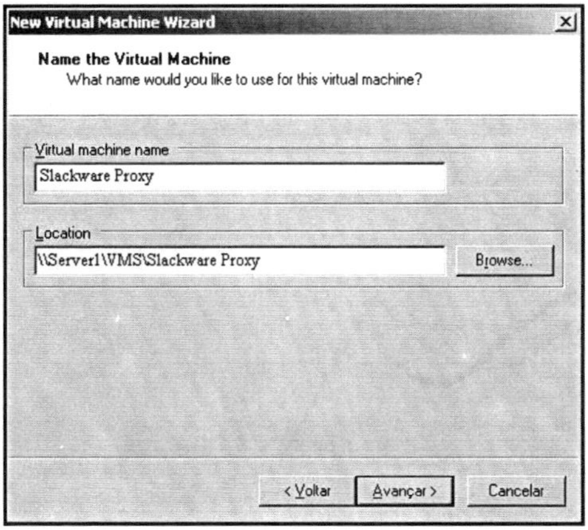

Figura 5

Salve diretamente no servidor.

42 ➤ Virtualização de Sevidores Linux

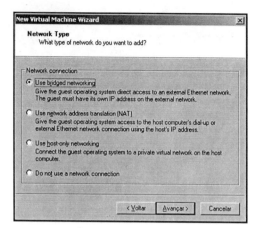

Figura 6

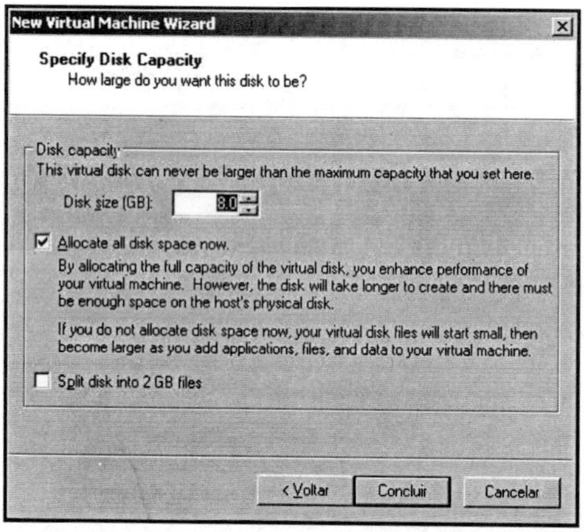

Figura 7

Capítulo 5 - Criando uma Máquina Virtual ➢ 43

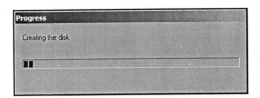

Figura 8

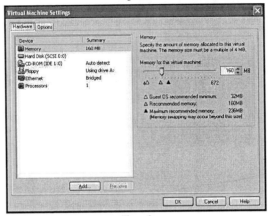

Figura 9

Abra as configurações da máquina virtual criada.

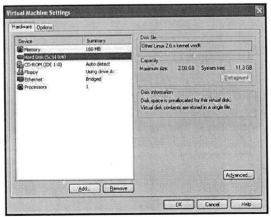

Figura 10

44 ➤ Virtualização de Sevidores Linux

Remova o HD criado que é um SCSI..

Figura 11

Agora crie outro, definindo como IDE.

Figura 12

Capítulo 5 - Criando uma Máquina Virtual ➤ 45

Figura 13

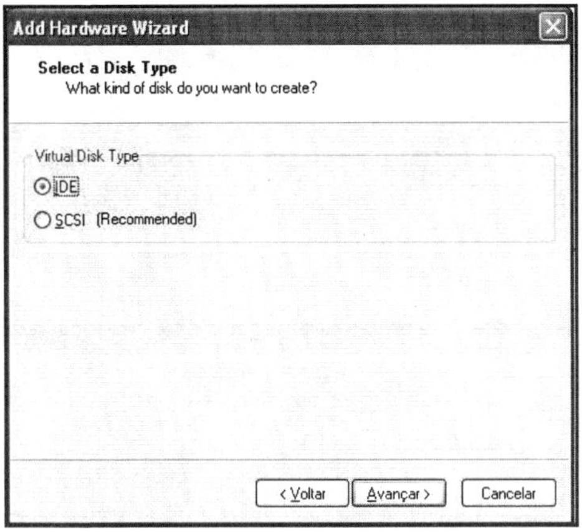

Figura 14

46 ▸ Virtualização de Sevidores Linux

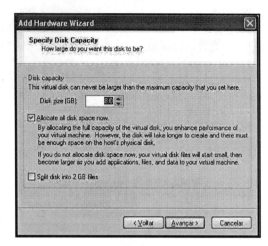

Figura 15

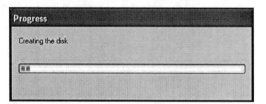

Figura 16

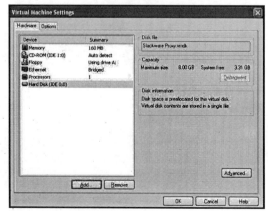

Figura 17

Capítulo 5 - Criando uma Máquina Virtual ➢ 47

Figura 18

 VÁ À PASTA ONDE FOI GRAVADA A MÁQUINA VIRTUAL NO SERVIDOR E APAGUE O ARQUIVO REFERENTE AO HD EXCLUÍDO.

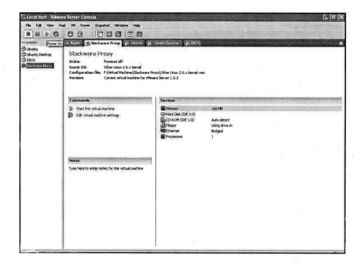

Figura 19

Máquina virtual criada, instale o Slackware 12 para configurar como proxy.

INSTALANDO O SLACKWARE COMO SERVIDOR VIRTUAL DE PROXY

SERVIDOR VIRTUAL 1

INSTALE O SLACKWARE DE ACORDO COM OS CAPÍTULOS QUE SE REFEREM À INSTALAÇÃO DO SERVIDOR FIREWALL E CONFIGURE A REDE. AS TELAS A SEGUIR MOSTRAM APENAS ALGUMAS PARTICULARIDADES DE COMO SE INSTALAR O SLACKWARE EM UMA VM. SIGA A RISCA PARA NÃO TER PROBLEMAS FUTUROS.

50 ➤ Virtualização de Sevidores Linux

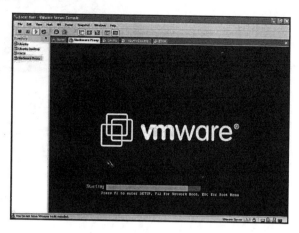

Figura 1

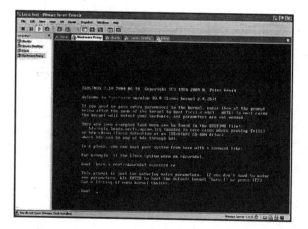

Figura 2

Capítulo 6 - Instalando o Slackware como Servidor Virtual de Proxy ➢ 51

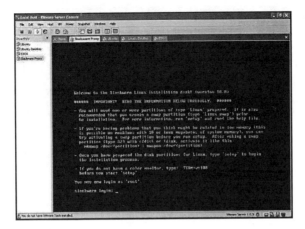

Figura 3

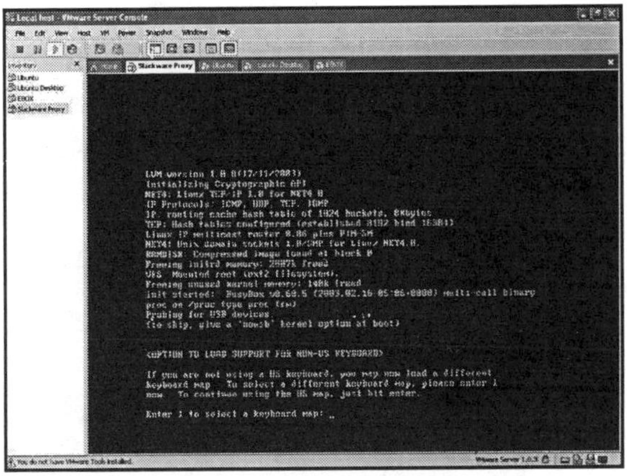

Figura 4

52 ➢ Virtualização de Sevidores Linux

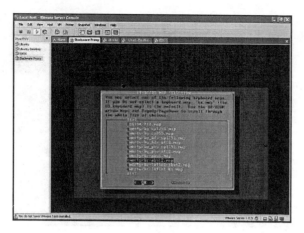

Figura 5

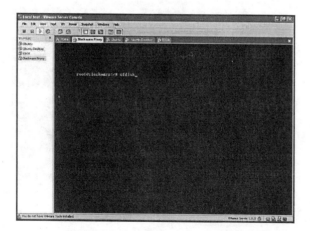

Figura 6

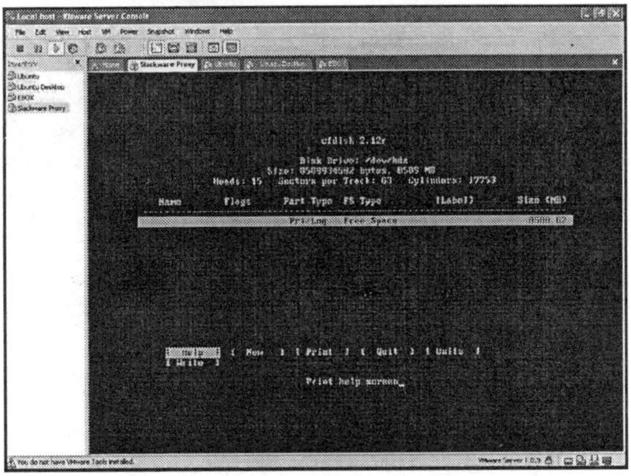

Capítulo 6 - Instalando o Slackware como Servidor Virtual de Proxy ➢ 53

Figura 7

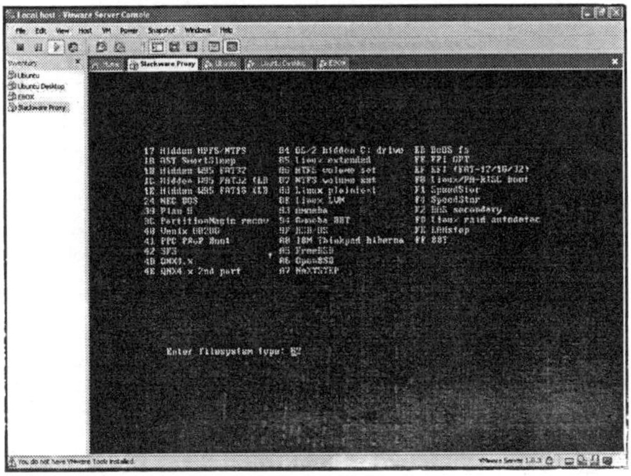

Figura 8

54 ➤ Virtualização de Sevidores Linux

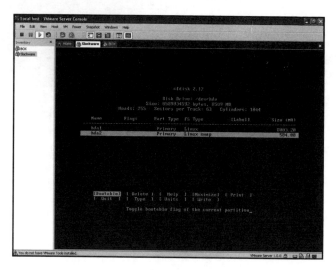

Figura 9

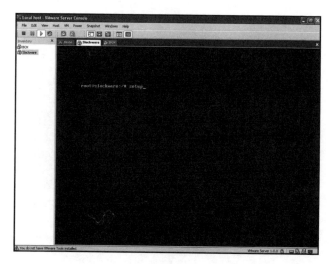

Figura 10

Configurando o Servidor Proxy

Servidor Virtual 1

O objetivo de um servidor proxy é distribuir recursos da internet para uma rede privada definindo regras de permissões e restrições. Ele é instalado em um servidor que tenha acesso direto à internet ou em um que tenha uma regra de redirecionamento no roteador. O protocolo mais utilizado em um servidor proxy é o *http*, que é distribuído pela rede, onde é gravado todo o conteúdo acessado de forma que possa ser visto depois objetivando a otimização dos acessos somente atualizando o conteúdo que foi renovado no site acessado. Este recurso é chamado de *caching*. Na verdade um servidor proxy com **squid** deve ser um proxy cache, para proporcionar mais velocidade e uma diminuição no uso do protocolo *http* externo, economizando assim a banda da internet. Pode-se também controlar os acessos definindo usuários e usando políticas de acessos para usuários, grupos ou toda a rede se preferir. Um servidor proxy também pode implementar o NAT (*Network Address Translation* – Tradução de Endereços de Rede). O NAT é tecnicamente mais usado para o uso de proxy transparente ou no redirecionamento de portas específicas que deve ser implementado no IPTABLES e evitado dentro da configuração.

PROXY CACHING

OS SERVIDORES PROXY CACHE SÃO IMPLEMENTADOS NA CAMADA DE APLICAÇÃO PROCESSANDO PROTOCOLOS COM HTTP E FTP. SÃO DEFINIDAS PELAS REGRAS DO SERVIDOR ANALISANDO A REQUISIÇÃO DO CLIENTE E AS PROCESSANDO DE ACORDO COM AS PERMISSÕES.

PACOTES NECESSÁRIOS

Para criar o servidor proxy serão usados os seguintes pacotes:

1 - SQUID

Pacote contendo o servidor proxy propriamente dito, ou seja, o programa responsável pela execução e configuração do cache e acessos.

2 - SARG

Programa responsável pela geração dos relatórios de acesso.

3 – ADMUSER

Responsável pela administração dos usuários.

4 – APACHE (SERVER WWW)

Servidor web, que será responsável pelo acesso ao SARG e ao ADMUSER. Não será necessárior baixar o pacote, pois o mesmo já está instalado por Default.

OBTENDO OS PACOTES

Pode-se obter o Squid no seu site oficial em www.squid-cahe. org, ou ainda a versão mais atualizada: http://www.squid-cache.org/Versions/v2/2.6/squid-2.6.STABLE12.tar.gz

Pode-se obter o Sarg em: http://sarg.sourceforge.net/sarg-2.0.8-slackware10.1-i386-1.tgz

Pode-se obter o admuser em: http://sarg.sourceforge.net/admuser-2.3.2.tar.gz

INSTALANDO O SQUID

Após baixar o pacote do Squid salve-o para a pasta/install, digite os seguintes comandos:

```
# tar —xzvf squid-2.6.STABLE12.tar.gz
# cd squid-2.6.STABLE12
# ./configure
#  /configure  --prefix=/usr/local/squid  --enable-delay-pools  --enable-cache-digests  --enable-arp-acl  --enable-linux-netfilter  --enable-default-err-language=Portuguese
# make
# make install
```

58 ➤ Virtualização de Sevidores Linux

INSTALANDO O SARG

```
# tar -zxvf sarg-2.0.8-slackware10.1-i386-1.tgz
# cd sarg-2.0.8-slackware10.1-i386-1
# ./configure
# make
# make install
```

INSTALANDO O ADMUSER

```
# tar -zxvf admuser-2.3.2.tar.gz
# cd admuser-2.3.2
# ./configure
# make
# make install
```

CONFIGURANDO O SQUID

AUTENTICAÇÃO DE USUÁRIOS

Exceto no uso do proxy transparente que será visto mais adiante, pode ser utilizada a autenticação dos usuário da internet, fazendo com que todos tenham acesso sendo monitorados pelo nome do usuário, facilitando o reconhecimento do indivíduo no uso indevido da internet. Serão abordados aqui três tipos de autenticação local com o módulo NCSA, autenticando em um domínio Samba e em um servidor LDAP.

AUTENTICAÇÃO NCSA

Entre no diretório onde foi descompactado o squid e compile o módulo correspondente.

```
cd /squid-2.6.STABLE12\helpers\basic_auth\NCSA
make
make install
```

Crie o arquivo senhas dentro da pasta do squid com o comando a seguir:

```
htpasswd -c passwd
```

E para criar os usuários digite o comando:

```
htpasswd /usr/local/squid/etc/passwd usuário
```

Isto será feito através do ADMUSER.

O ARQUIVO DE CONFIGURAÇÃO

Eis um arquivo de configuração **(squid.conf)** que segue o estudo em questão, você irá achá-lo em **/usr/local/squid/etc/**

```
http_port 3128

hierarchy_stoplist cgi-bin ?

acl QUERY urlpath_regex cgi-bin ?
no_cache deny QUERY

cache_dir ufs /usr/local/squid/var/cache 128 16 256

cache_mem 16 MB
cache_swap_low 90
cache_swap_high 95
maximum_object_size 4096 KB

client_netmask 255.255.255.0


auth_param basic program /usr/local/squid/libexec/ncsa_auth /usr/local/squid/
etc/passwd

acl all src 0.0.0.0/0.0.0.0
acl manager proto cache_object
acl localhost src 127.0.0.1/255.255.255.255
acl to_localhost dst 127.0.0.0/8
acl SSL_ports port 443 563
acl Safe_ports port 80 # http
acl Safe_ports port 21 # ftp
acl Safe_ports port 443 563 # https, snews
```

```
acl Safe_ports port 70 # gopher
acl Safe_ports port 210 # wais
acl Safe_ports port 1025-65535 # unregistered ports
acl Safe_ports port 280 # http-mgmt
acl Safe_ports port 488 # gss-http
acl Safe_ports port 591 # filemaker
acl Safe_ports port 777 # multiling http
acl CONNECT method CONNECT

http_access allow manager localhost
http_access deny manager
http_access deny !Safe_ports
http_access deny CONNECT !SSL_ports

icp_access allow all
miss_access allow all

cache_mgr webmaster linux@linux.com.br

cache_effective_user squid
cache_effective_group squid

visible_hostname squidproxy.com.br
```

O QUE SIGNIFICA TUDO ISSO?

DIRETIVAS

HTIP_PORT

Especifica qual a porta que receberá as conexões para o uso do proxy, aqui será usada a 3128

visible_hostname

Como o próprio nome ja diz será o nome exibido para o servidor proxy.

cache_mem

Define quantos MegaBytes da memória RAM será reservado para o carregamento do cache de objetos.

cache_dir

Esta diretiva resolve, em sua primeira parte, onde será armazenado o cache criado e qual o seu sistema de armazenamento **UFS**. Na segunda parte ela é dividida em três, onde **1024** significa 1 GB de espaço em disco para o cache, 512 a quantidade de diretórios a serem criados em 1º nível e **256** a quantidade de diretórios a serem criados em 2º nível.

cache_access_log

Diz a localização do arquivo que irá armazenar o log das consultas http.

cache_log

Arquivo que armazenará qualquer problema que poderá acontecer na inicialização do SQUID.

cache_store_log

Faz um log detalhado de quais objetos entraram e saíram e quanto tempo estes objetos estão armazenados.

cache_effective_user e cache_effective_group

Diz quem é o usuário e o grupo dono do cache dando acesso a eles. Aqui o usuário e grupo é squid.

pid_filename

Arquivo que contém o número de processos SQUID em execução.

CRIANDO O CACHE

Agora crie o diretório onde será armazenado o cache do webproxy com o comando a seguir:

```
# mkdir /usr/local/squid/var/cache
```

Altere as permissões do cache recém criada para o usuário e grupo **squid**.

62 ➤ Virtualização de Sevidores Linux

```
# chown squid.squid /usr/local/squid/var/cache —R
```

Altere a permissão do diretório no nosso webproxy e em seguida crie a estrutura onde os objetos do cache serão armazenados.

```
# chown squid.squid /usr/local/squid/ -R
# /usr/local/squid/sbin/squid -z
```

Defina o usuário e o grupo para ser o dono dos processos do Squid Webproxy, criando o grupo e usuário **squid**:

```
# groupadd squid
# useradd —g squid —s /dev/null squid
```

ACL – ACCESS CONTROL LIST

São regras que liberam ou bloqueiam acessos a um determinado conteúdo.

No squid.conf o arquivo de configuração é lido de cima para baixo, analisando dessa forma e usando como exemplo a ACL criada acima liberando o acesso à internet e depois bloqueando todas as outras sub-redes. Analise o exemplo:

```
acl REDE_INTERNA src 192.168.1.0/255.255.255.0
acl all src 0.0.0.0/0.0.0.0
http_access allow REDE_INTERNA
http_access deny all
```

São criadas duas ACLs do tipo src, liberando o acesso para rede interna definida pela classe IP e depois bloqueando todo o resto.

ACLs Importantes

Serão vistas algumas ACLs que poderão ser imlementadas ao seu proxy de acordo com a necessidade.

Bloqueios

Bloqueios por IP e Sites

Neste grupo de ACLs a seguir podemos controlar o acesso dos usuários por IP sendo cadastrados nos arquivos:

```
"/usr/local/squid/etc/acesso_total.txt"
"/usr/local/squid/etc/acesso_restrito.txt"
```

Já no arquivo "/usr/local/squid/etc/download.txt" você definirá quais as extensões que deseja bloquear para os IPs cadastrados no arquivo "/usr/local/squid/etc/acesso_restrito.txt".

Em "/usr/local/squid/etc/bloqueado.txt", você definirá quais os sites a serem bloqueados.

```
# PCs com acesso total
acl acesso_total src "/usr/local/squid/etc/acesso_total.txt"

# PCs com acesso restrito
acl acesso_restrito src "/usr/local/squid/etc/acesso_restrito.txt"

# Lista de extensões bloqueadas para download (.avi .exe .wmv)
acl download url_regex -i "/usr/local/squid/etc/download.txt"

# Lista para bloqueio de sites
acl bloqueado url_regex -i "/usr/local/squid/etc/bloqueado.txt"
```

64 ➤ Virtualização de Sevidores Linux

```
http_access allow acesso_total
http_access deny download
http_access deny bloqueado
http_access allow acesso_restrito
http_access deny all
```

BLOQUEIOS POR HORÁRIO

A rede ou uma lista de IP podem ser bloquadas em um determinado horário e liberadas somente no horário de almoço, por exemplo.

```
acl toda_rede src 192.168.1.0/255.255.255.0 ou coloque uma lista dentro de um
arquivo, para bloquear somente alguns IPs
alc almoco time MTWHF 12:00-13:30
http_access allow toda_rede !almoco
http_access deny toda_rede
```

BLOQUEIO POR ENDEREÇO MAC

As regras a seguir liberam a rede somente para 3 placas de rede pelo endereço MAC, ou seja, nenhuma outra placa ou computador acessará a rede.

```
acl placa1 arp 00:AQ:WE:CV:12:11
acl placa2 arp 33:43:11:12:12:98
acl placa3 arp 00:31:55:C6:54:11
http_access allow placa1
http_access allow placa2
http_access allow placa3
http_access deny all
```

Controle de Banda

Crie outra ACL com o endereço dos IPs que serão aplicados à regra

```
acl chefes src "/usr/local/squid/etc/chefes.txt"
acl estagiarios src "/usr/local/squid/etc/estagiarios.txt"
```

```
delay_pools 2
```

Significa que haverá dois controles de banda

Primeiro controle:

```
delay_class 1 2
```

-1/-1 significa que não há limites para a delay pool 1.

```
delay_parameters 1 -1/-1 -1/-1
delay_access 1 allow chefes
```

Segundo controle:

```
delay_class 2 2
```

Limita a sua banda para +- 3Kbits:

```
delay_parameters 2 3000/3000 3000/3000
delay_access 2 allow estagiarios
```

66 ➢ Virtualização de Sevidores Linux

Bloqueia todos os downloads:

```
delay_parameters 2 0/0 0/0
```

CONFIGURANDO O SARG

Edite o arquivo sarg.conf conforme a seguir:

```
language Portuguese # linguagem padrão Português
access_log /usr/local/squid/logs/access.log # arquivo de log do squid
```

CONFIGURANDO O APACHE

Edite o arquivo httpd.conf da seguinte forma:

```
##
## httpd.conf -- Apache HTTP server configuration file
##
ServerType standalone
ServerRoot "/etc/apache/"
PidFile /var/run/httpd.pid
ScoreBoardFile /var/run/httpd.scoreboard

Timeout 300

KeepAlive On
MaxKeepAliveRequests 100
KeepAliveTimeout 15
MinSpareServers 5
MaxSpareServers 20
StartServers 5
MaxClients 150
MaxRequestsPerChild 100

Port 80
User nobody
Group nobody
ServerAdmin paranoia@nois.na.fita
ServerName www.serverapache.org
```

```
DocumentRoot "/var/www/htdocs"

Options Indexes FollowSymLinks MultiViews
AllowOverride None
AccessFileName .htaccess
UseCanonicalName On
HostnameLookups Off
ErrorLog /var/log/apache/error_log
LogLevel warn
```

Configurando o ADMUSER

Edite o arquivo /usr/local/etc/admuser/admuser.conf para ficar conforme o exemplo a seguir:

```
password_file /usr/local/etc/admuser/password
authenticate /usr/local/etc/admuser/passwd
```

Crie dois arquivos conforme abaixo:

```
# touch /usr/local/etc/admuser/password
# touch /usr/local/etc/admuser/passwd
```

Edite o arquivo /usr/local/etc/admuser/password

```
/usr/local/squid/etc/password (Senhas Proxy)
/usr/local/etc/admuser/passwd (Senhas Root)
```

Crie um usuário para ser o administrador do proxy:

```
# htpasswd -c /usr/local/etc/admuser/passwd admin
```

GERANDO RELATÓRIOS

Você pode simplesmente executar o comando **sarg** ou colocar no crontab para executar automaticamente conforme a seguir:

```
crontab —e
0 8 * * * /usr/bin/sarg
```

Adicione a linha acima e ele executará o relatório todos os dias às oito horas.

CRIANDO ACESSO AOS RELATÓRIOS

Em primeiro lugar crie um arquivo no formato HTML com dois links CONTROLE DE USUÁRIOS. Direcionado para: var/www/htdocs/admuser/admuser.cgi e outro "VISUALIZAR RELATÓRIOS". Apontando para: /usr/local/sarg/index.html, salve em: /var/www/htdocs, não se esquecendo de apagar o arquivo existente anteriormente com o comando:

```
# rm -f /var/www/htdocs/index.html
```

Crie o diretório do Admuser onde será armazenado o script.

```
# mkdir /var/www/htdocs/admuser
```

Copie o script para o diretório criado.

```
# cp /var/www/cgi-bin/admuser.cgi /var/www/htdocs/admuser
```

Inicie o servidor APACHE.

```
# httpd
```

Capítulo 7 - Configurando o Servidor Proxy ➤ 69

O script **/var/www/htdocs/admuser/admuser.cgi** deve ser protegido, pois desta forma qualquer usuário tem acesso ao script e poderá trocar as senhas do **squid**, para proteger use senha, de tal forma que ao adicionar usuário ele a pedirá.

```
# mcedit /var/www/htdocs/admuser/.htaccess
```

```
#/var/www/htdocs/admuser/.htaccess
AuthName "Acesso Restrito"
AuthType Basic
AuthUserFile /usr/local/squid/etc/administrador
require valid-user
```

Crie agora a senha do administrador de usuários, seguem os comandos utilizados:

```
# touch /usr/local/squid/etc/administrador
# htpasswd -c /usr/local/squid/etc/administrador admin
```

Para iniciar o Apache automaticamente mude as permissões de execução do rc.httpd com o seguinte comando:

```
# chmod +x /etc/rc.d/rc.httpd
```

INICIALIZANDO O SQUID

Seguem os comandos para inicializar, parar e depurar o squid. Os erros ocorridos estão gravados no arquivo cache.log no diretório: /usr/local/squid/var/logs, mas também poderá ser iniciado automaticamente através de um script de inicialização colocado no /etc/rc.d e salvo como rc.squid.

```
# /usr/local/squid/sbin/squid
# /usr/local/squid/sbin/squid -k interrupt
```

70 ➤ Virtualização de Sevidores Linux

```
# /usr/local/squid/sbin/squid -d 10

rc.squid

#!/bin/sh
# Start/stop/restart squid.
# Start squid:
squid_start() {
  if [ -x /usr/local/squid/sbin/squid ]; then
    echo "Starting SQUID..."
    /etc/squid/squid -D
  fi
}
# Stop squid:
squid_stop() {
  killall squid
}
# Restart squid:
squid_restart() {
  squid_stop
  sleep 1
  squid_start
}
case "$1" in
'start')
  squid_start
  ;;
'stop')
  squid_stop
  ;;
'restart')
  squid_restart
  ;;
*)
  echo "usage $0 start|stop|restart"
esac
```

Após ter criado o arquivo com o conteúdo anterior dê as seguintes permissões:

```
# Chmod 755 /etc/rc.d/rc.squid
```

Para tudo isso funcionar ao reiniciar o servidor adicione a seguinte linha no **/etc/rc.d/rc.local :**

```
#/etc/rc.d/rc.squid start
```

Servidor Virtual 2 – PDC Primary Domain Cotroller - EBOX (Servidor Virtual 2)

Servidor Virtual 2

Abordaremos aqui a criação de uma máquina virtual com o EBOX para atender a maior parte das necessidades de uma empresa, sem gastar muito e com uma funcionalidade e estabilidade jamais vista em qualquer outro sistema.

É Suposto que você já tenha o Vmware Server instalado. Sua instalação é bem simples como a de qualquer outro programa.

74 ➤ Virtualização de Sevidores Linux

O EBOX

Desenvolvido pela Warp Networks a plataforma EBOX vai efetivamente e facilmente lhe ajudar a administrar serviços avançados para a rede corporativa. Projetado com excelência oferece: proxy, firewall, PDC/File Sharing Samba, servidor DHCP, entre outros módulos (proxy transparente, tráfico controlado, VPN, servidor de NTP, usuários e grupos, servidor de Correio e etc). Vale a pena conferir. Publicado sob uma Licença de Software Livre, é um produto espetacular e e fará um servidor virtual para a sua rede.

 DOWNLOAD

No site oficial em www.ebox-platform.com pode ser obtida a imagem ISO da versão 0.9 que é a mais recente, com aproximadamente 430MB e também a documentação original do eBox.. Link para download: http://ebox-platform.com/ebox-installer.iso.

 HARDWARE UTILIZADO

Pentium IV 3.0 GZ

1 GB de memória Ram

120 GB de HD

FUNCIONALIDADES DO EBOX

MÓDULOS

Criando objetos de rede permite uma administração nivelada de alto desempenho dos endereços IP que alivia a administração do firewall e outras ferramentas.

CONFIGURAÇÃO DE REDE

As interfaces de rede no servidor são configuradas pela interface de administração do EBOX. É possível criar interfaces virtuais, tronco 802.1 habilitando conexões e também montar rotas estáticas e servidores de DNS.

FIREWALL

Tem uma configuração segura que deixa o administrador filtrar pacotes, habilitando NAT e administrando o acesso a todos os serviços providos por outros módulos do EBOX.

SOFTWARE

A interface de administração permite atualizar os componentes do EBOX e o sistema operacional (Debian).

PROXY TRANSPARENTE E FILTRO DE CONTEÚDO

Provê um PROXY HTTP e CACHE que acelera a navegação e deixa o administrador escolher os conteúdos que podem ser acessados por cada usuário, filtrando páginas baseado em conteúdo definido em listas negras.

Este módulo usa: SQUID + DansGuardian

Usuários e Grupos

O servidor LDAP armazena os usuários e grupos que são compartilhados para todos os módulos que precisam deles.

Este módulo usa: OpenLdap

Windows PDC/File Sharing

O eBox proporciona a sua rede um Controlador de Domínio Primário, permitindo que suas máquinas Windows autentiquem o EBOX. Seus usuários poderão usar perfis ambulantes e montar uma unidade no servidor com um espaço definido previamente pelo administrador. Se você não quer um PDC pode usar o EBOX da mesma maneira, como um servidor de arquivos em uma rede Windows.

Este módulo usa: Samba

Servidor de Impressoras Windows

Ele torna possível compartilhar impressoras da rede entre diferentes usuários e grupos.

Este módulo usa: Samba + CUPS

Correio

O EBOX armazenará suas caixas postais verificando a presença de vírus ou simplesmente agindo como um revezamento de filtro à sua escolha.

Este módulo usa: Postfix Spamassassin ClamAV

Jabber Server

O EBOX provê um sistema de Messaging Imediato para seu ambiente corporativo

Este módulo usa: Jabber

Servidor de DHCP

Um servidor de DHCP é incluído. Sua interface de configuração deixa o administrador definir IP's fixos através do endereço de MAC.

Este módulo usa: ISC DHCP Server

DNS cache

O cache de DNS acelera a resolução de nomes.

Este módulo usa: Bind

Servidor de Data e Hora NTP

O eBox pode agir como um servidor de NTP para sincronizar sua data e hora com servidores de NTP externos.

Criando a Máquina Virtual para o EBOX

Servidor Virtual 2

Espaço em disco: *avalie o espaço em disco necessário, calculando quanto cada usuário vai dispor e ainda o espaço necessário para o sistema operacional.*

Após instalar o Vmware server no Windows, execute o Vmware console. Aparecerá uma tela como a da figura seguinte. Clique em local host, em seguida em OK e prossiga de acordo com as telas:

80 ➤ Virtualização de Sevidores Linux

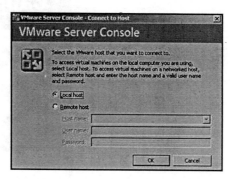

Figura 1

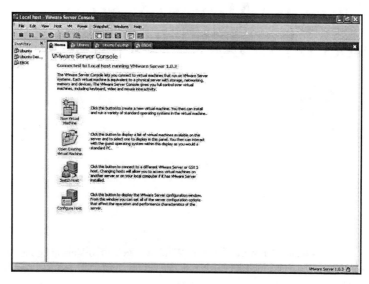

Figura 2

Clique em **New Virtual Machine**.

Capítulo 9 - Criando a Máquina Virtual para o EBOX ➢ 81

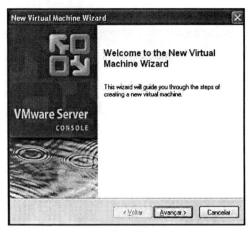

Figura 3

Aparecerá uma tela de boas vindas, clique em **Avancar**.

Figura 4

Escolha a configuração como **Typical**.

82 ➢ Virtualização de Sevidores Linux

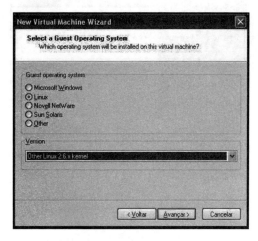

Figura 5

Marque a caixa de diálogo em **Linux** e escolha **Other Linux 2.6.x kernel**.

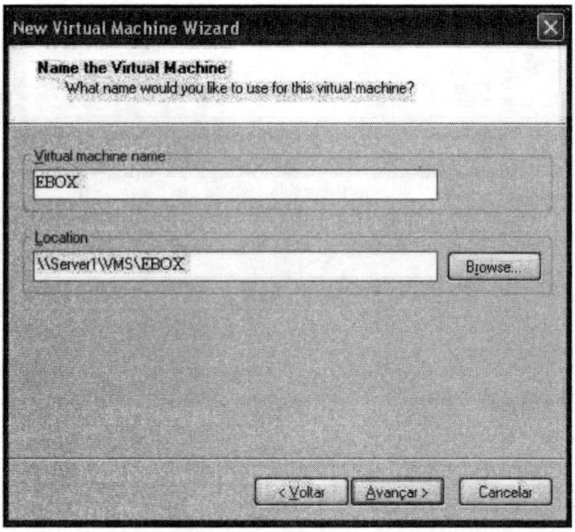

Figura 6

Dê um nome para sua máquina virtual. Como está sendo instalado o EBOX dê o mesmo nome. Em **Location** defina o local em que ela será gravada.

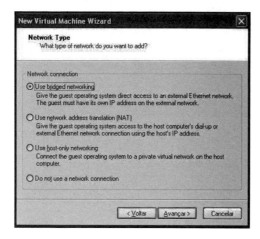

Figura 7

Network conection: há várias configurações distintas para as interfaces de rede, neste caso será usada a interface como **Use Bridged Network.**

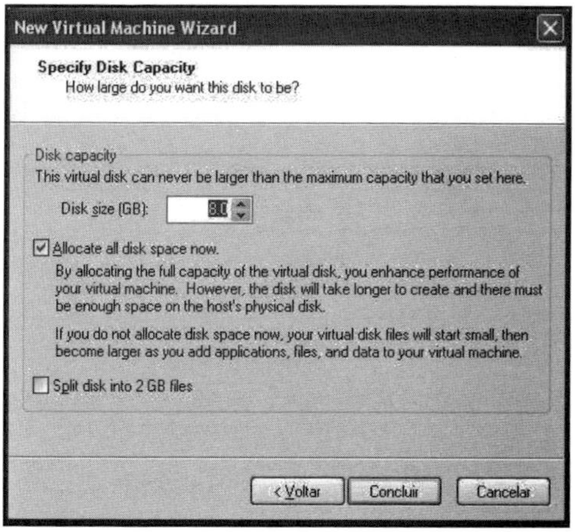

Figura 8

Em **Disk Capacity** escolha o tamanho do disco de acordo com a sua necessidade, como home dos usuários calcule de maneira que não falte espaço. Por exemplo, se a sua rede terá 10 usuários e cada um tem uma home de 200 MB multiplique 10 X 200 que serão 2 GB, fora o espaço de 3 GB para o sistema operacional e as suas periódicas atualizações. Como um bom administrador de redes que você é, claro que não fará um disco de apenas 5 GB. Calcule uma margem de pelo menos 50% a mais para futuros usuários que virão.

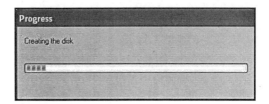

Figura 9

Aparecendo esta tela significa que o seu disco está sendo criado. Isso levará algum tempo, dependendo do tamanho do disco demorará mais um pouco que o normal, por isso, levante-se e vá tomar um café ou algo parecido e relaxe.

Pronto, sua máquina virtual foi criada e ela possui 160 de memória RAM. Este valor foi definido a partir de um cálculo feito pelo Vmware, pois a máquina física possui 512 MB, possui também um HD de 8 GB que foi o criado, um CD-ROM padrão, drive de disquete, uma placa de rede funcionando como bridge com a placa física e o número de processadores que ela possui.

Capítulo 10

Instalando o EBOX

Servidor Virtual 2

O EBOX possui uma instalação fácil e amigável, como já mencionado antes é baseada no Debian, por sua vez, ele instala o sistema básico e os softwares do EBOX, formando assim o EBOX Debian.

Figura 1

88 ➤ Virtualização de Sevidores Linux

Conforme a tela anterior, após criar a máquina virtual, insira o CD com a imagem gravada da instalação do EBOX e clique no botão verde para iniciar a máquina virtual para a instalação do sistema.

 Botão de início.

Figura 2

Como mostra a tela, pede-se para pressionar F1 para ajuda ou ENTER para iniciar o BOOT, ou seja, a instalação.

Figura 3

Capítulo 10 - Instalando o EBOX ➢ 89

Selecione a linguagem desejada. Em nosso caso, **Português Brazil**.

Figura 4

Tipo de teclado, como praticamente todos os teclados aqui no Brasil possuem Ç use o **Português Brasileiro Layout ABNT2**.

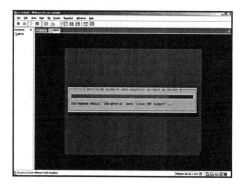

Figura 5

Agora aguarde a detecção do hardware.

90 ➤ Virtualização de Sevidores Linux

Figura 6

Aguarde o carregamento dos componentes da instalação.

Figura 7

Configurando a rede via DHCP caso tenha um servidor para o mesmo, ou se a sua conexão externa for DHCP, caso contrário ele mostrará uma mensagem de erro para configurá-la manualmente.

Capítulo 10 - Instalando o EBOX ➤ 91

Figura 8

Selecione SIM para continuar sem uma rota padrão. Ele entrará em uma configuração mais detalhada que deverá ser bem analisada e planejada para sua rede.

Figura 9

Informe os servidores de DNS.

92 ➢ Virtualização de Sevidores Linux

Figura 10

Informe o nome da máquina HOST.

Figura 11

Informe o nome de domínio. Importante para a configuração de controlador de domínio.

Capítulo 10 - Instalando o EBOX ➢ 93

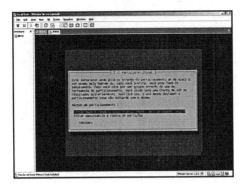

Figura 12

Particionando o disco: o próprio sistema tem o tipo de particionamento pré definido, basta somente fazer como as telas a seguir.

Figura 13

94 ➤ Virtualização de Sevidores Linux

Figura 14

Figura 15

Capítulo 10 - Instalando o EBOX ➢ 95

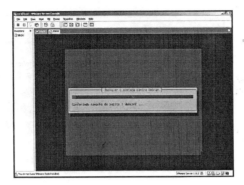

Figura 16

Instalando o sistema básico Debian, aguarde o decorrer deste processo e observe se haverá algum erro, falta de arquivo o coisa parecida, para evitar problemas futuros. Para isso certifique-se de que o CD foi gravado corretamente e de que o seu disco rígido não possua falhas, logo depois ele instalará o GRUB que é o inicializador de BOOT e exibirá na mesma caixa que está finalizando a instalação. Em seguida reiniciará a máquina virtual.

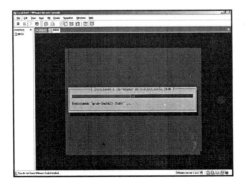

Figura 17

96 ➢ Virtualização de Sevidores Linux

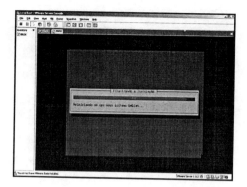

Figura 18

Aqui ele reinicia.

Instalando o EBOX

Servidor Virtual 2

Chegou a hora de começarmos a configurar algumas coisas, como senha de root, placas de rede e etc. Acompanhe com atenção este capítulo, pois um erro aqui significa a perda de toda instalação.

Inicializando

Após reiniciar o sistema vá para as pós-configurações, como mostra a tela a seguir. Existem dois modos para iniciar: uma com o sistema padrão instalado e outra como modo de recuperação.

Ao iniciar ele pedirá a configuração de fuso horário **Figura 20**, uma tela para definir a senha de **root** e outra para confirmação da mesma, **Figuras 21** e **22**. Esta senha deverá ser de um tipo seguro para dificultar ataques e a descoberta da mesma. Uma dica: use letras e números com pelo menos uma maiúscula, por exemplo, **Linux674**, mas não necessita ser esta, coloque uma de sua escolha e de fácil memorização.

98 › Virtualização de Sevidores Linux

Figura 19

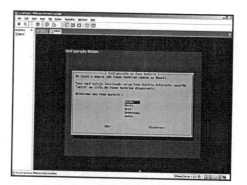

Figura 20

Capítulo 11 - Configuração Pós Instalação ➢ 99

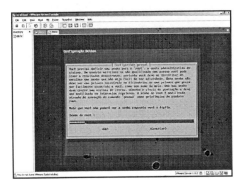

Figura 21

Figura 22

Atualização e Instalação Automática dos Pacotes

SERVIDOR VIRTUAL 2

A ATUALIZAÇÃO DOS PACOTES É MUITO IMPORTANTE, POIS SENDO ELA FEITA PERIODICAMENTE, PODEMOS CORRIGIR FALHAS DE SEGURANÇA E OUTROS PROBLEMAS QUE VERSÕES MAIS ANTIGAS APRESENTAM NO MOMENTO E O PRÓPRIO FABRICANTE COLOCA À DISPOSIÇÃO.

Atualizando

Para quem já está acostumado com sistemas Debian conhece o procedimento seguinte. Ele verifica em seu repositório atualizações e informa quantos pacotes e o tamanho total das atualizações a serem realizadas, que poderá ser diretamente pela internet ou por mídia gravada, dependendo da versão que você fez o download. Neste caso, será "baixada" a mídia completa, seguindo o link colocado na introdução do livro, por isso no momento não será necessário baixar os pacotes e esperar horas, ele verificará diretamente no CD e instalará o necessário.

102 ➢ Virtualização de Sevidores Linux

Figura 23

Observe aqui, como mostra o grifo, que ele selecionou 197 pacotes que somarão 244 MB em espaço em disco. Em seguida, da mesma forma marcada, ele informa as etapas do procedimento.

Figura 24

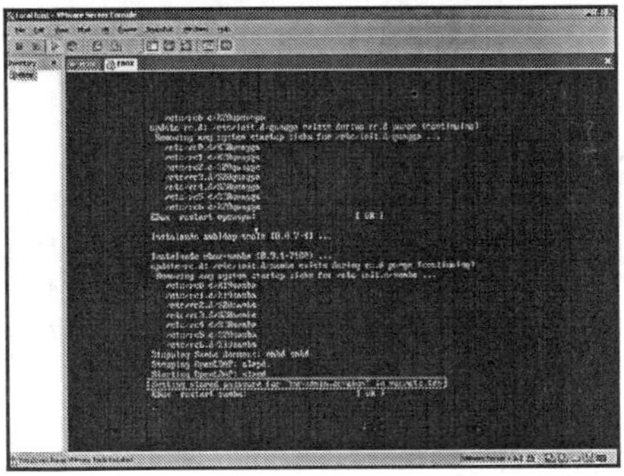

Figura 25

Aqui o sistema mostra a senha do acesso web para configuração ebox.

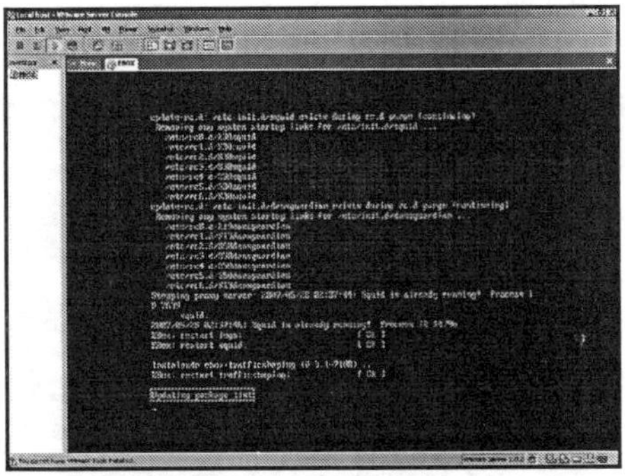

Figura 26

LOGANDO COMO ROOT E VERIFICANDO IP

A SENHA DE ROOT É DE EXTREMA IMPORTÂNCIA E DEVE SER GUARDADA A 7 CHAVES PARA EVITAR PROBLEMAS. O ENDEREÇO DE IP QUE APARECE EM SEGUIDA FOI ATRIBUÍDO ATRAVÉS DE UM ROTEADOR DE SINAL QUE USO NA MINHA REDE LOCAL.

GUARDE BEM ESTE IP

Agora, na metade do caminho, deve se logar como root usando a senha que você definiu previamente, **Figura 27** verifique através do comando **ifconfig**, que na interface **eth0** mostrará o IP da placa de rede na **Figura 28**, por onde se acessará as configurações para deixar o servidor virtual totalmente funcional. Esse IP foi atribuído a partir de um servidor DHCP que roda na rede, mas cada caso se aplica diferentemente dependendo da sua sub-net, ou da sua definição manual na instalação.

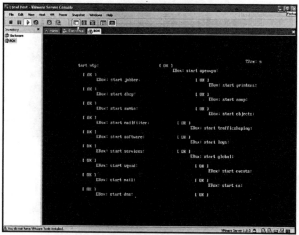

Figura 27

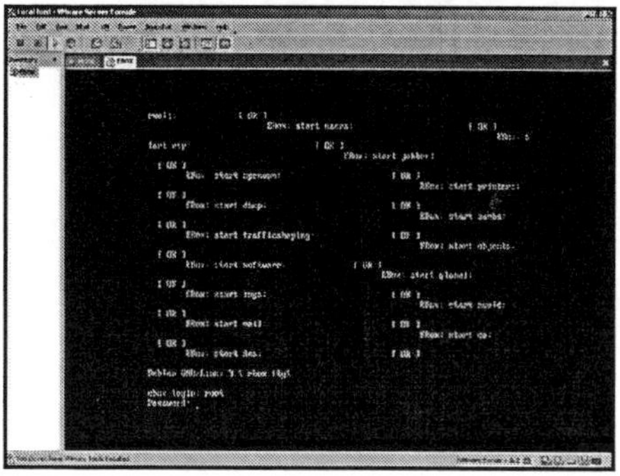

Capítulo 12 - Atualização e Instalação Automática dos Pacotes ➤ 105

Figura 28

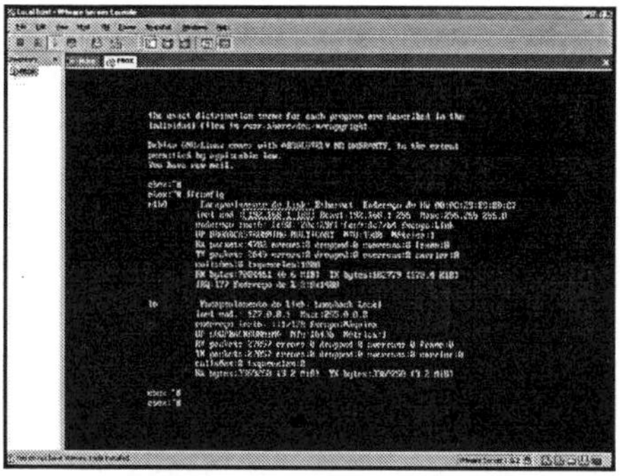

Figura 29

Após ter se logado é recomendada uma última atualização com os seguintes comandos: **apt-get update e o apt-get upgrade.**

CONFIGURANDO O EBOX

SERVIDOR VIRTUAL 2

O NOSSO SERVIDOR SERÁ USADO PARA SER O CONTROLADOR DE DOMÍNIO E COM ELE A SEGURANÇA LOCAL DOS COMPUTADORES ESTÁ GARANTIDA A PARTIR DAS PERMISSÕES DADAS AOS USUÁRIOS. ABRA O NAVEGADOR E DIGITE: HTTPS://IP DA MAQUINA VIRTUAL, SERÁ EXIBIDO UM CERTIFICADO DE SEGURANÇA, LHE PERGUNTANDO SE DESEJA CONTINUAR OU NÃO, PARA DAR SEQÜÊNCIA ÀS CONFIGURAÇÕES CLIQUE EM SIM.

Endereço: https://201.23.217.229/ebox/

108 ➤ Virtualização de Sevidores Linux

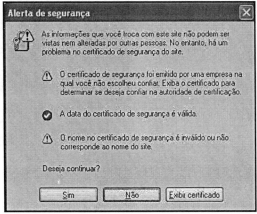

Figura 2

Esta é a tela inicial onde deve digitar a senha para o acesso à administração que, por default, vem como ebox. Ela deverá ser trocada por motivo de segurança na guia <SISTEMA>GERAL>, conforme veremos na figura 5.

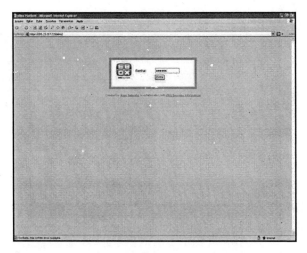

Figura 3

Capítulo 13 - Configurando o EBOX ➤ 109

Após o login, será exibida a tela inicial denominada <STATUS>, que mostra a relação de serviços (SERVIÇOS), todos os servidores e seus status. Em (INFORMAÇÃO GERAL) encontram-se alguns dados técnicos breves como o host name e etc. Mais abaixo as interfaces de rede e suas configurações em (NETWORK INTERFACES) e por último o Status dos servidores de e-mail POP3 e IMAP.

STATUS

SERVIÇOS – mostra os serviços do sistema e a sua situação, como demonstrado anteriormente, todos como desabilitados.

INFORMAÇÃO GERAL – mostra a data, a hora, a versão, o host e a carga do sistema.

NETWORK INTERFACES – exibe o status da(s) placa(s) de rede, endereço MAC e o IP.

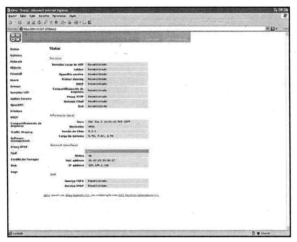

Figura 4

Conforme já falado anteriormente, deve ser alterada a senha administrativa. Para a configuração de linguagem é necessário instalar o módulo de linguagem correspondente, particularmente eu prefiro em inglês, pois a tradução para o português não é muito nítida, necessitando de um conhecimento prévio bem maior do sistema. Cuidado com (**PORTA TCP DA INTERFACE DE AD-**

MINISTRAÇÃO), pois se você alterar esta porta ao salvar as configurações automaticamente perderá o acesso ao sistema web, pois é a porta HTTPS 443 padrão, onde no momento está sendo configurado o sistema. Para fazer esta alteração é necessário anteriormente fazer uma inclusão no FIREWALL para liberar a porta desejada, que será visto mais na frente.

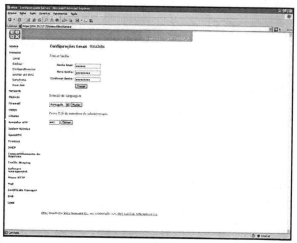

Figura 5

Como todo bom sistema integrado, não poderia deixar de faltar o sistema de backup, onde há diversas e interessantes funções. Para começar coloque um texto breve na caixa (DESCRIPTION) para identificar e em seguida o tipo de backup. Pode realizar o Configuration Backup que é a cópia de segurança apenas das configurações ou o Full Backup que copia tanto as configurações como as pastas dos usuários, enfim todo o HD, e escolher se quer gravar no HD ou em um CD/DVD.

No (RESTORE BACKUP FROM FILE) é executada a restauração apenas de um arquivo em especial, já no (RESTORE FROM DISK) é restaurado todo o disco. Por fim, o (BACKUPS' LIST), que é a lista de backup realizados com as funções de fazer um download, gravar no disco, restaurar e apagar.

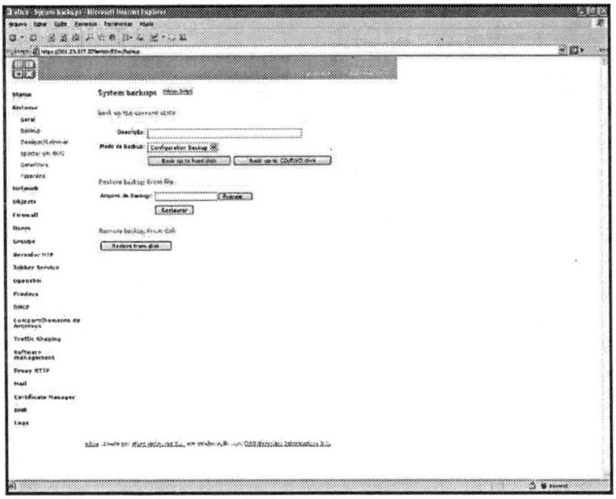

Capítulo 13 - Configurando o EBOX ➤ 111

Figura 6

CONFIGURAÇÃO DE DATA E HORA

O sistema pode ser configurado para sincronizar a hora com servidores NTP, alterando para habilitado a opção de sincronização, ou podemos mantê-lo desabilitado pra colocar uma hora e data definida por você mesmo. Após definida a forma da data e hora, clique em SALVAR MUDANÇAS, em seguida no botão SALVAR.

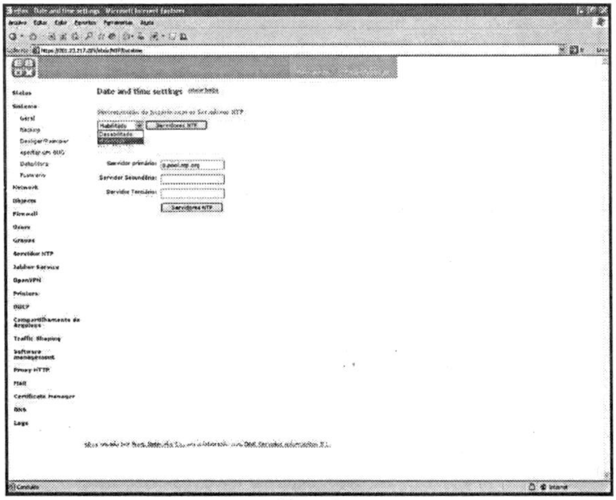

Figura 7

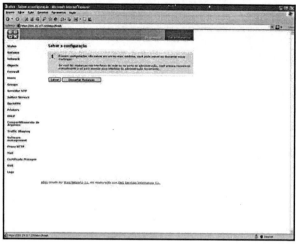

Figura 8

NETWORK

Na guia network devem ser definidos:

INTERFACES: são as placas de rede onde se pode definir IPS e suas particularidades.

DNS: servidores DNS primário e Secundário.

ROUTES: rotas e caminhos de padrões de fluxo da rede.

DIAGNOSIS: para realizar o diagnóstico de rede como PING e Resolução de nomes para um IP.

GATEWAYS: caso você tenha outro servidor na sua rede, que seja o gateway de internet.

BALANCE TRAFFIC: balanceamento de tráfico, como o próprio nome diz, para fazer o balanceamento de tráfico na rede entre os gateways definidos anteriormente.

Capítulo 13 - Configurando o EBOX ➢ 113

Figura 9

DNS

Serão definidos os servidores de DNS primário e secundário.

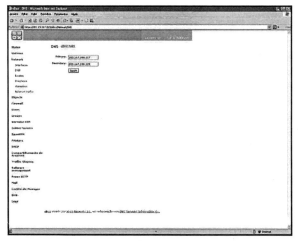

Figura 10

ROUTES

Configuração de uma determinada rota par um gateway, por exemplo: se você tem um servidor EBOX e um gateway de internet, fará uma rota da rede. interna para o gateway, para ter o recurso de gerenciar os usuários da internet pelo servidor PROXY do EBOX.

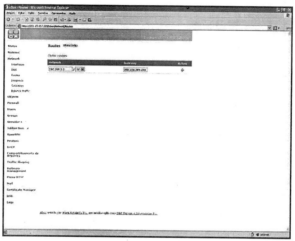

Figura 11

NETWORK DIAGNOSIS

A Figura 12 nos mostra um exemplo de ping. Para testar algum IP na rede e na figura 13 em Name resolution, permite resolver um IP para nome.

Capítulo 13 - Configurando o EBOX ➢ 115

Figura 12

Gateways

O EBOX é um sistema que veio para somar a integração da rede, e não para trabalhar sozinho, como muitas pessoas pensam: "OBA SÓ PRECISO DISSO E MAIS NADA." Totalmente errado! Nada disso e você também precisa ter um Gateway de rede com firewall, um servidor de backup e etc. Mas tudo em conjunto com o EBOX.

Você pode aqui configurar o seu gateway para integrá-lo ao EBOX, com a finalidade de usar a autenticação dos usuários a partir do logon, e permitir o acesso à internet. Aqui você determina que é o gateway da rede.

116 ➤ Virtualização de Sevidores Linux

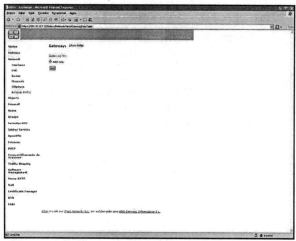

Figura 13

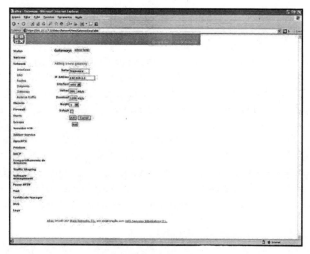

Figura 14

Com o NTP Server é permitido ...rtir do seu proto... ...anizar as datas e horas nas estações.

Capítulo 13 - Configurando o EBOX ➢ 117

Figura 15

Habilite o recurso de compartilhamento de arquivos e defina-o como PDC (Pimary Domain Controler), dê um nome para o domínio, o NetBios Name, a Descrição e a quantidade em MB de que cada usuário terá na sua unidade de rede.

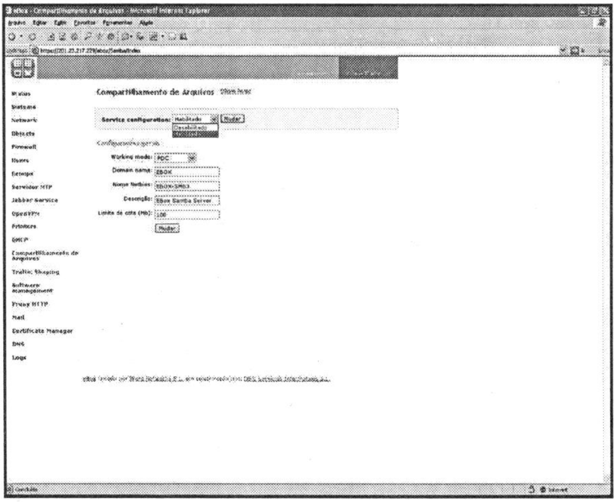

Figura 16

118 ➢ Virtualização de Sevidores Linux

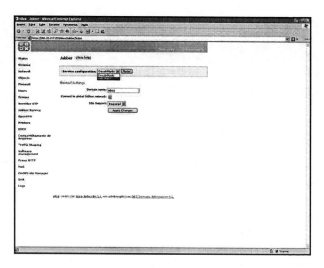

Figura 17

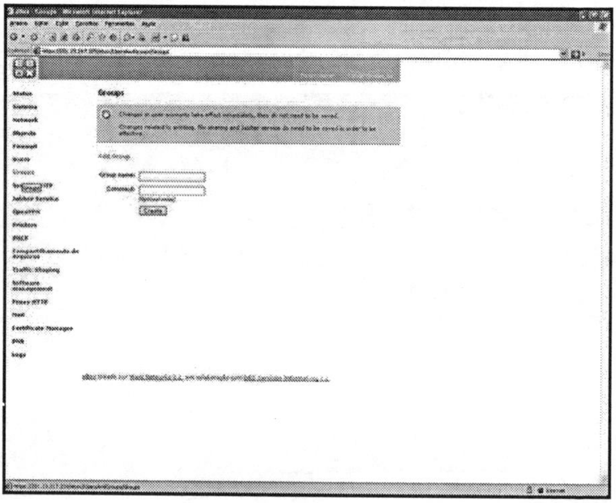

Figura 18

Capítulo 13 - Configurando o EBOX ➤ 119

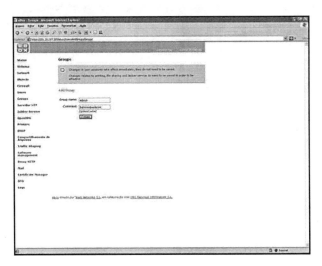

Figura 19

Crie um grupo chamado **usuarios** (Figura 18) e outro chamado **administrador** (Figura 19).

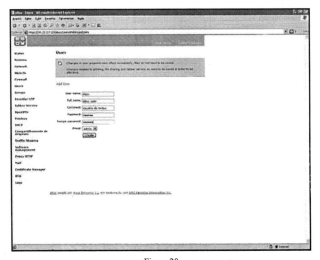

Figura 20

120 ➢ Virtualização de Sevidores Linux

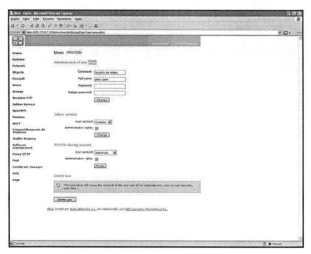

Figura 21

Para criar usuários, primeiramente você deve informar qual será o usuário **user name**, o nome completo **full name**, um comentário **comment**, a senha **password** e o grupo que ele pertencerá (Figura 20). Em seguida, será pedido para habilitar os serviços disponíveis para este usuário. Como tela de exemplo veja o **Jabber** e o **PDC** (Figura 22).

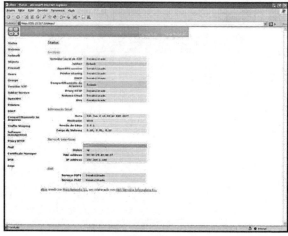

Figura 22

SLACKWARE LINUX COMO SERVIDOR FIREWALL

SERVIDOR VIRTUAL 2

ABORDAREMOS AQUI A MANEIRA DE INSTALAR O SLACKWARE LINUX 12.0 COMO UM SERVIDOR, USANDO COMO EXEMPLO UM CASO DE USO CORPORATIVO.

Nos dias de hoje os servidores Linux têm crescido de forma muito rápida e é de se reconhecer que a sua estabilidade, desempenho e custo em relação a outros sistemas são tentadores aos olhos dos administradores de redes, sem contar a tranqüilidade que o Linux proporciona. No mundo de hoje há clientes e usuários domésticos cada vez mais exigentes, querendo sempre mais rapidez e estabilidade para serviços de rede e Internet, e é em cima disso que deve trabalhar, na total qualidade dos serviços aqui explicados, de uma forma clara e ao mesmo tempo técnica e objetiva, capaz de até mesmo um iniciante poder fazer seus próprios servidores. Aqui é lançado o desafio de entrar no mundo Linux, onde tudo é gratuito e, ao mesmo tempo, estável, proporcionando serviços de máxima qualidade para atender os clientes. Será abordada a distribuição que o autor mais se identifica, pela sua flexibilidade e estabilidade: o Slackware em sua versão 12.

Um Pouco Sobre o Slackware

O Slackware Linux, em particular, é a melhor distribuição, pois nela é observado uma flexibilidade maior que a maioria das distribuições, criada na Minnesota State University Moorhead em 1993, nunca lançou uma versão que fosse realmente considerada estável, sendo assim, há uma total confiança nesta.

Obtendo o Slackware

Existem hoje muitas fontes para o Slackware, as mais corretas e confiáveis são as do site oficial em www.slackware.com na aba *get slack*. Usaremos como base em nossos servidores o Slackware 11, que pode ser obtido através de arquivo de imagem ISO para a gravação em 3 CDS ou 1 DVD.

Hardware Utilizado

Será usada a seguinte configuração:

- 1 – Pentium IV 3.0 Gz Box
- 1 – Placa mãe ASUS P5LD2-VM SE
- 1 – Placa de vídeo ASUS V9400-X/TD/128M
- 2 – Placas de rede 10/100 realtek 8139D
- 1 – Memória DDR 533 1 GB
- 1 – HD 120GB SCSI Seagate.

Instalando o Slackware – BOOT

A BIOS deve ser configurada para inicializar como BOOT CD. Reinicie e coloque o CD no drive.

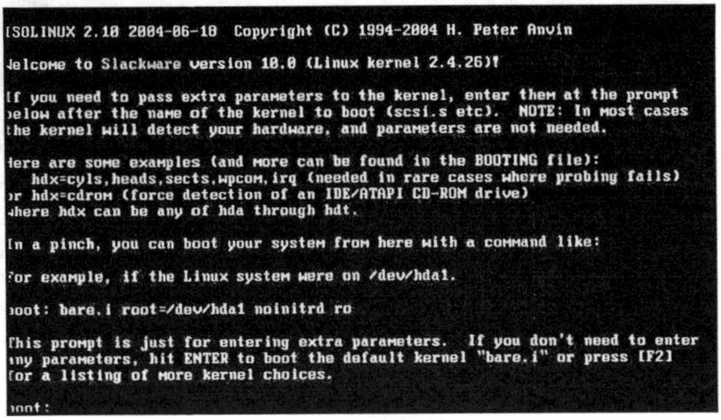

```
[SOLINUX 2.10 2004-06-10  Copyright (C) 1994-2004 H. Peter Anvin

Welcome to Slackware version 10.0 (Linux kernel 2.4.26)!

If you need to pass extra parameters to the kernel, enter them at the prompt
below after the name of the kernel to boot (scsi.s etc). NOTE: In most cases
the kernel will detect your hardware, and parameters are not needed.

Here are some examples (and more can be found in the BOOTING file):
    hdx=cyls,heads,sects,wpcom,irq (needed in rare cases where probing fails)
or hdx=cdrom (force detection of an IDE/ATAPI CD-ROM drive)
where hdx can be any of hda through hdt.

In a pinch, you can boot your system from here with a command like:

For example, if the Linux system were on /dev/hda1.

boot: bare.i root=/dev/hda1 noinitrd ro

This prompt is just for entering extra parameters. If you don't need to enter
any parameters, hit ENTER to boot the default kernel "bare.i" or press [F2]
for a listing of more kernel choices.

boot:
```

Figura 1

Aparecerá a tela anterior, onde deve ser informado a forma para o boot do sistema de instalação, caso seja de outra forma da que está sendo utilizada como padrão, deverá ser informado o caminho do dispositivo correspondente. Exemplo: root=/dev/hda1 para iniciar como instalação local, ou seja, a imagem descompactada na partição FAT32 ou NTFS de origem. Neste caso basta dar ENTER para continuar.

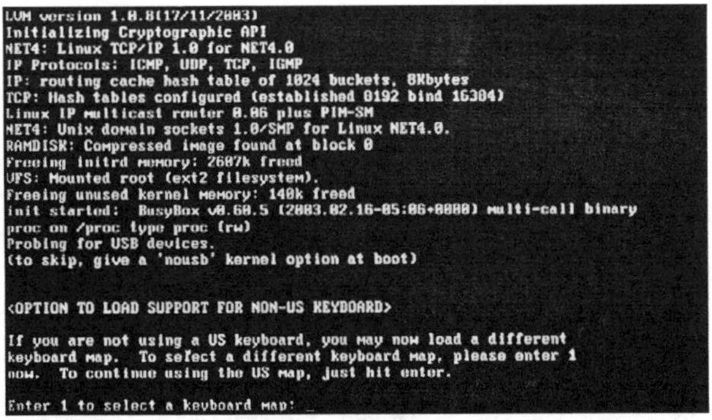

```
LVM version 1.0.8(17/11/2003)
Initializing Cryptographic API
NET4: Linux TCP/IP 1.0 for NET4.0
IP Protocols: ICMP, UDP, TCP, IGMP
IP: routing cache hash table of 1024 buckets, 8Kbytes
TCP: Hash tables configured (established 8192 bind 16384)
Linux IP multicast router 0.06 plus PIM-SM
NET4: Unix domain sockets 1.0/SMP for Linux NET4.0.
RAMDISK: Compressed image found at block 0
Freeing initrd memory: 2607k freed
VFS: Mounted root (ext2 filesystem).
Freeing unused kernel memory: 140k freed
init started:  BusyBox v0.60.5 (2003.02.16-05:06+0000) multi-call binary
proc on /proc type proc (rw)
Probing for USB devices.
(to skip, give a 'nousb' kernel option at boot)

<OPTION TO LOAD SUPPORT FOR NON-US KEYBOARD>

If you are not using a US keyboard, you may now load a different
keyboard map.  To select a different keyboard map, please enter 1
now.  To continue using the US map, just hit enter.

Enter 1 to select a keyboard map: _
```

Figura 2

Em seguida será definido o mapa do teclado. Para escolher o padrão sem acentos basta teclar ENTER e para definir como acento utilize a opção <1> seguido de ENTER, sendo assim, o mapa <us-acentos>.

Figura 3

SELEÇÃO DO MAPA DO TECLADO

Para usar o teclado correspondente ao instalado no servidor, selecione o br-abnt2.map, conforme figura anterior. Logo depois será exibida uma tela de Keyboard Test para testar os acentos, vírgula, pontos e etc. Se tudo estiver correspondendo ao teclado instalado pressione <ENTER>, caso contrário verifique se o seu teclado possui a configuração correta.

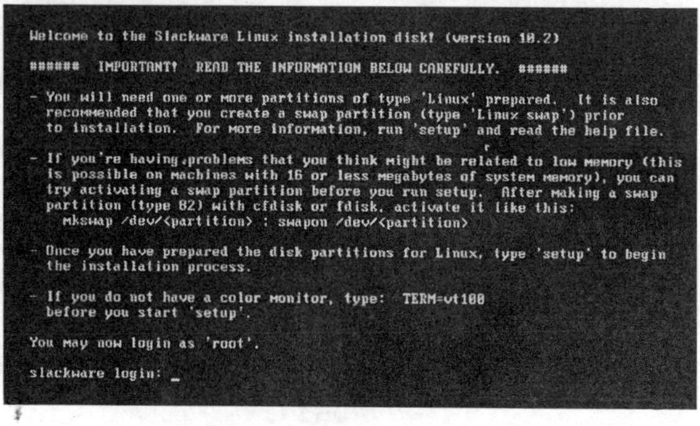

Figura 4

Capítulo 14 - Slackware Linux como Servidor Firewall ➤ 125

Veja a seguir a tela de boas vindas da instalação, informando para preparar as partições necessárias lembrando que aqui está sendo abordada a instalação a partir do hardware padrão, cada hardware se comporta de modo diferente e com configurações diferentes, por isso deve logar como root sem senha.

Depois do logon digite **cfdisk** para criar as partições necessárias para instalação do sistema que deve ser formatado como ReiserFS, EXT2 ou EXT3 e uma swap. Não é necessário uma partição SWAP, se você tem um micro com mais de 512 MB de memória RAM é mais recomendável que libere mais memória RAM para o cache do disco e para as aplicações. Então, formate o seu HD conforme tabela a seguir.

Figura 5

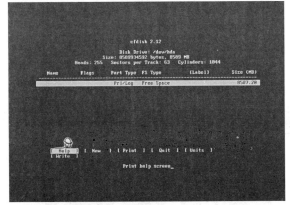

Figura 6

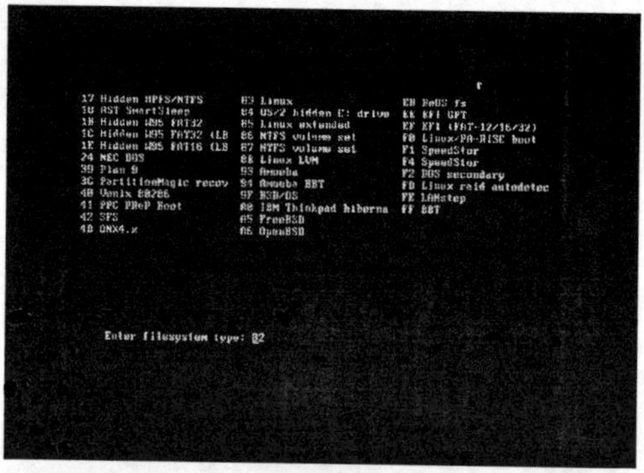

126 ➢ Virtualização de Sevidores Linux

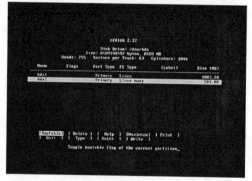

Figura 7

Figura 8

Iniciando a Instalação

Depois de sair do cfdisk, chame a instalação, digitando "**setup**".

Figura 9

Capítulo 14 - Slackware Linux como Servidor Firewall ➢ 127

Terá agora as opções de instalação. Com as setas do teclado selecione **ADDSWAP**, em seguida Enter. A partição swap é detectada automaticamente, mas para isso você deverá ter seguido os passos explicados anteriormente.

Figura 10

O instalador irá perguntar qual partição deverá ser a partição para instalar os arquivos, como só foi criado uma para este tipo siga a tela anterior.

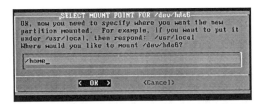

Figura 11

Defina **/home** como ponto de montagem dos arquivos dos usuários.

Figura 12

128 ➤ Virtualização de Sevidores Linux

Selecione a opção **format**.

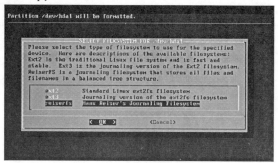

Figura 13

Escolha o tipo de sistema de arquivos como **reiserfs**.

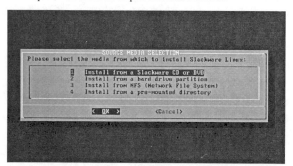

Figura 14

Como a instalação está sendo feita a partir de uma mídia CD ou DVD, escolha a opção correspondente, caso contrário selecione a que se aplica ao seu caso.

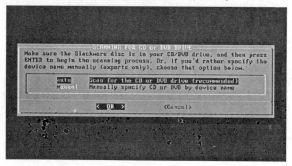

Figura 15

O instalador irá perguntar se a configuração do CD-ROM ou DVD será procurada por ele ou será manual, para casos de controladores SCSI apenas.

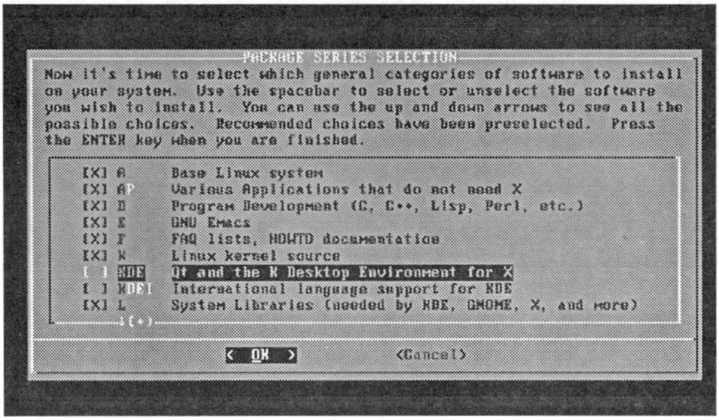

Figura 16

Agora escolha o que você deseja instalar na seleção de pacotes. Está sendo instalado um servidor, circunstancialmente não se faz necessário instalar o modo gráfico, pacotes (GNOME, KDE e KDEI), mas se lhe interessar o uso deste como um desktop, a escolha dos mesmos não implica em nada o servidor.

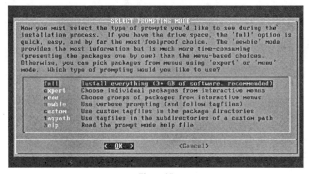

Figura 17

Escolha a opção *full* para instalação completa dos pacotes dos grupos selecionados na tela anterior.

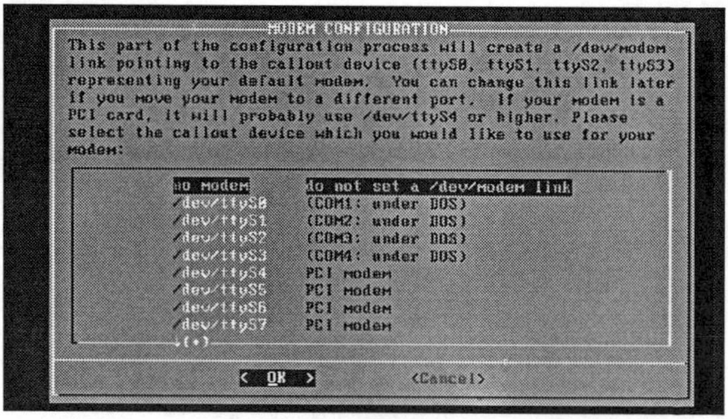

130 ➢ Virtualização de Sevidores Linux

Figura 18

O sistema irá perguntar se existe a presença de algum modem para configurar a porta que ele se encontra, como está sendo instalado um servidor sem modem selecione a opção *no modem*.

Figura 19

Install linux kernel deverá ser informado onde está instalado o kernel do Linux para o reconhecimento do *lilo*.

Figura 20

No *install lilo* marque a opção *simple* que ele instalará o *lilo* automaticamente e reconhecerá outros sistemas instalados no HD, caso você os tenha.

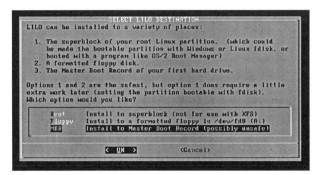

Figura 21

Selecione onde será instalado o *lilo* e marque *mbr*.

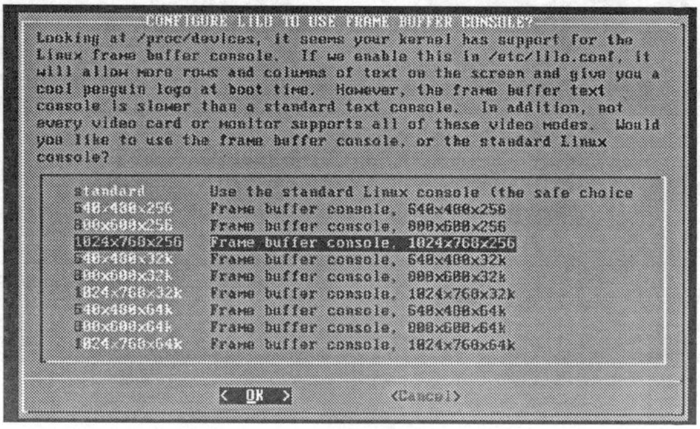

132 ➤ Virtualização de Sevidores Linux

Figura 22

Informe a resolução do seu monitor para configurar o console e a interface gráfica.

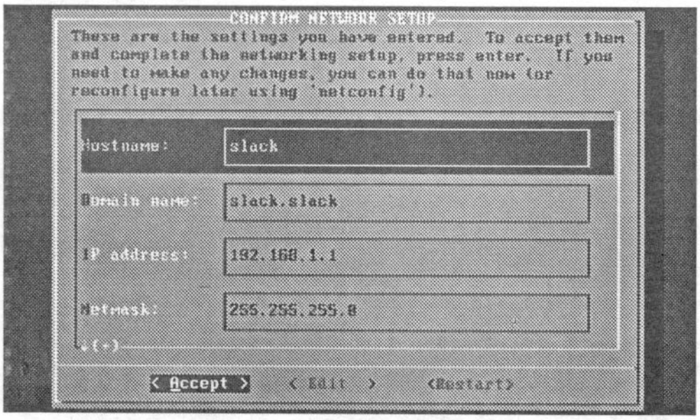

Figura 23

O sistema reconhecerá que já existe uma rede local e lhe perguntará se as configurações estão corretas, selecione *yes*.

Capítulo 14 - Slackware Linux como Servidor Firewall ➢ 133

Figura 24

Informe quais os serviços que serão iniciados junto ao sistema. Não faça alteração nenhuma, apenas siga em frente.

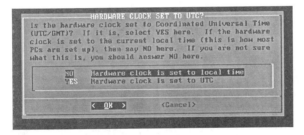

Figura 25

Clock do hardware. Marque **NO**.

134 ▶ Virtualização de Servidores Linux

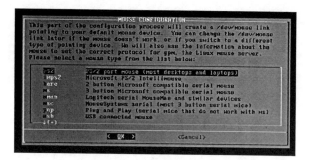

Figura 26

Selecione qual o tipo de mouse que se encontra conectado ao seu servidor.

Figura 27

Informe qual interface gráfica você quer como padrão, o KDE é a melhor escolha, em minha opinião.

Após todo este processo, somente será pedido a configuração da senha de root. Escolha uma senha segura de sua preferência, logo depois retornará a tela inicial de instalação. Selecione *EXIT* e espere o CD ser ejetado, pressione CTRL+ALT+DEL e o seu novo sistema será reiniciado.

Figura 28

Inicialização do Slackware e Configuração de Rede

Servidor Físico 2

Arquivos de Inicialização de Serviços

Dentro do diretório /etc/rc.d há vários arquivos importantes e úteis para inicialização de serviços, onde os mesmos são executados automaticamente ao iniciar o sistema. Os arquivos são iniciados com rc. seguido do serviço. Por exemplo: rc.sshd ele é responsável por iniciar o servidor SSH na inicialização, onde se pode também criar scripts personalizados e nomeá-los por exemplo: rc.teste. Para habilitar algum serviço altere as suas configurações tornando-o executável.

138 ➢ Virtualização de Sevidores Linux

PARA INICIAR O SERVIDOR SSH AUTOMATICAMENTE DIGITE OS SEGUINTES COMANDOS:

```
chmod +x rc.sshd
```

PARA DESABILITAR O SERVIÇO:

```
chmod -x rc.sshd
```

PARA INICIAR E PARAR O SERVIÇO MANUALMENTE:

```
/etc/rc.d/rc.sshd stop
/etc/rc.d/rc.sshd start
```

OUTROS ARQUIVOS DE INICIALIZAÇÃO

rc.bind

Inicia o servidor DNS.

rc.firewall

Arquivo onde adiciona regras de firewall automaticamente.

rc.httpd

Arquivo de inicialização do servidor Web.

rc.ip_forward

Habilita o compartilhamento da internet de forma direta, ou seja, compartilha a internet sem passar por filtros, restrições, proxy ou qualquer outro tipo de tratamento.

rc.local

Em casos especiais, onde não há arquivos de inicialização ou seja um comando específico, a livre edição deste arquivo é possível para execução de comandos.

rc.modules

Carrega módulos adicionais do kernel como placas de rede, vídeo, som e etc. durante o boot.

rc.samba

Inicia o servidor Samba permitindo compartilhamento de arquivos e outros serviços suportados.

CONFIGURAÇÕES

As configurações do Linux são armazenadas em arquivos com extensão .conf onde podem ser editadas, tornando-o mais flexível quanto a personalização do sistema operacional.

140 ➤ Virtualização de Sevidores Linux

Configurando as Interfaces de Rede

Netconfig

A rede pode ser configurada pelo script netconfig que executa a configuração básica de rede. Segue a configuração de exemplo.

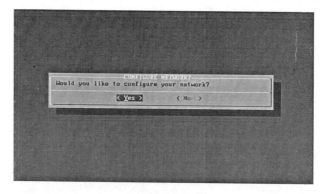

Figura 1

Marque yes para iniciar a configuração de rede.

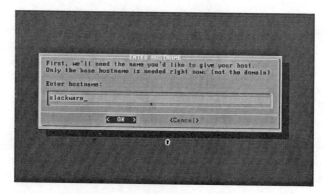

Figura 2

Capítulo 15 - Inicialização do Slackware e Configuração de Rede ➢ 141

Defina o hostname.

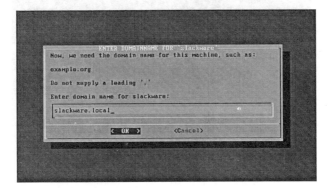

Figura 3

Diga qual será o nome de domínio para este servidor.

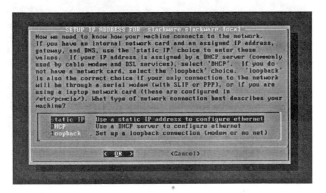

Figura 4

Selecione static IP para definir o endereçamento IP do tipo estático.

142 ➤ Virtualização de Sevidores Linux

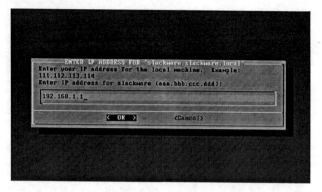

Figura 5

Digite o IP que será usado para este servidor.

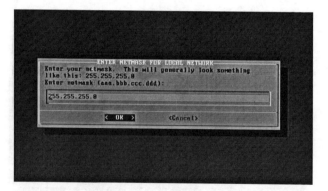

Figura 6

Entre com a máscara de sub-rede correspondente ao IP.

Capítulo 15 - Inicialização do Slackware e Configuração de Rede ➢ 143

Figura 7

Coloque o IP do Gateway. Neste caso coloque o mesmo do servidor, pois ele será o Gateway da rede.

Figura 8

O script de instalação irá perguntar se você vai acessar nameserver, ou seja, configure os endereços de DNS primário e secundário.

144 ➤ Virtualização de Sevidores Linux

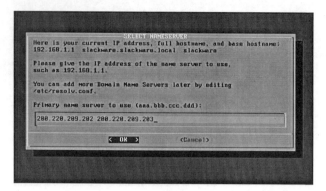

Figura 9

Digite os endereços de DNS correspondentes a sua conexão externa.

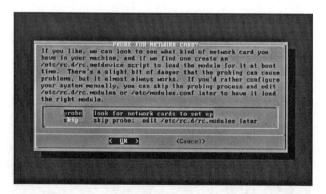

Figura 10

Agora ele irá reconhecer o hardware de rede para atribuir os dados anteriormente configurados, caso seja um driver específico você pode editar o **rc.modules** e definir o driver correspondente.

Capítulo 15 - Inicialização do Slackware e Configuração de Rede ➢ 145

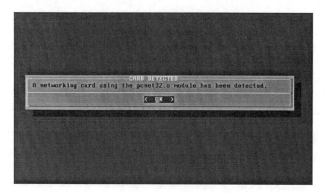

Figura 11

Hardware reconhecido e informado o seu nome.

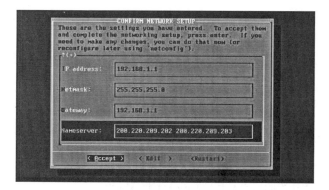

Figura 12

Confira todas as configurações e marque Accept. A rede do servidor está configurada para acesso externo.

146 ➤ Virtualização de Sevidores Linux

CONFIGURANDO MANUALMENTE

Para reconhecer as placas de rede identificadas automaticamente digite o seguinte comando dmesg | grep eth. Aparecerá uma tela informando o modelo, o endereço MAC e o tipo do chip identificado, a partir disso serão configuradas as interfaces de acordo com a rede que se aplica ao seu caso.

```
eth0: RealTek RTL8139 at 0xc89e2e00, 00:e0:7d:9e:fb:fd,           IRQ  11
eth0:  Identified 8139 chip type 'RTL-8139C'
eth1: RealTek RTL8139 at 0xc89e4f00, 00:40:f4:42:50:0d, IRQ 9
eth1:  Identified 8139 chip type 'RTL-8139C'
```

Caso não tenha sido detectada as interfaces de rede durante o boot segue o comando correspondente para detector a placa de rede desejada /sbin/mdprobe rtl8139 que ativa suporte às placas com chipset Realtek 8129/8139. Na seqüência vá ao arquivo rc.modules e descomente a linha referente a placa de rede a ser instalada.

Exemplo:

```
# RealTek 8129/8139 (not 8019/8029!) support:
#/sbin/modprobe 8139too (Descomente essa linha)
# RealTek 8129/8139 (not 8019/8029!) support:
/sbin/modprobe 8139too (deve ficar assim)
```

CONFIGURANDO O PROTOCOLO TCP/IP

Para configurar o protocolo TCP/IP das interfaces de rede você deve conhecer os arquivos de configuração. São eles:

rc.inet1.conf

Que fica localizado em **/etc/rc.d/rc.inet1.conf**

Capítulo 15 - Inicialização do Slackware e Configuração de Rede ➢ 147

Segue exemplo do arquivo comentado e explicado:

```
# Config information for eth0:        #1ª Placa de rede
IPADDR[0]=""                          #Define o IP da interface de
rede ligada a
                                      internet.
NETMASK[0]=""                         #Define a mascara de rede.
USE_DHCP[0]="yes"                     #Define se será a atribuição de
IP por DHCP ou
                                      não.
DHCP_HOSTNAME[0]=""                   #Caso o servidor DHCP distribua via
hostname

# Config information for eth1:        #2ª Placa de rede
IPADDR[1]="192.168.1.1"
NETMASK[1]="255.255.255.0"
USE_DHCP[1]=""
DHCP_HOSTNAME[1]=""

# Config information for eth2:        #3ª Placa de rede
IPADDR[2]="192.168.0.1"
NETMASK[2]="255.255.255.0"
USE_DHCP[2]=""
DHCP_HOSTNAME[2]=""

# Config information for eth3:        #4ª Placa de rede
IPADDR[3]="10.0.0.1"
NETMASK[3]="255.0.0.0"
USE_DHCP[3]=""
DHCP_HOSTNAME[3]=""

# Default gateway IP address:         #Qual o Getway em default
GATEWAY=""

DEBUG_ETH_UP="no"                     #Define se você deseja que ao iniciar
ele mostre
                                      possiveis problemas na inicialização
das placas de
                                      rede
```

Para reiniciar o serviço de rede digite: **/etc/rc.d/rc.inet1 restart**

resolv.conf

148 ➤ Virtualização de Sevidores Linux

Este arquivo armazena as configurações de pesquisa de DNS, setando os DNS primário e secundário e a busca do domínio correspondente.

```
nameserver    200.220.209.202    #DNS primário
nameserver    200.220.209.203    #DNS secundário
search        teste.com.br       #Busca do domínio
```

Configurando o IPtables / Netfilter

Servidor Físico 2

Neste capítulo será visto para que serve, como funciona, como criar e configurar um Firewall usando o Iptables, tendo em vista uma rede corporativa com um servidor retransmitindo o sinal de internet para 10 clientes, sendo o servidor Slackware Linux e as estações Windows XP Professional.

Conceito

Um Firewall pode ser um software ou hardware que monitora as conexões feitas pelo seu computador ou clientes subordinados a um servidor, para garantir que nenhum dos recursos dos mesmos estejam sendo usados indevidamente, bloqueando e permitindo conexões internas e externas para um computador doméstico ou rede corporativa. São úteis na prevenção de worms, trojans e invasões.

150 ➤ Virtualização de Sevidores Linux

IPTABLES

O Iptables é um firewall em nível de pacote que trabalha associando a porta e a origem filtrando e encaminhando para a porta e destino. Ele vem no kernel do Linux 2.4 e 2.6 (também chamado de netfilter) que substitui o ipchains dos kernels da série 2.2. Diversas coisas podem ser feitas com o IPTABLES. Existem três regras: INPUT, OUTPUT e FORWARD que não podem ser apagadas. Elas servem para gerenciar as chains.

TIPOS DE FIREWALL

NÍVEL DE APLICAÇÃO – ele analisa o conteúdo do pacote para decidir o que passa ou não passa de acordo com as regras definidas. Esses tipos de firewall são com os Servidores proxy como o Squid.

NÍVEL DE PACOTES – ele toma as decisões de acordo com o pacote, como porta/endereço de origem/destino, estado da conexão e outras informações do pacote. Ou ele aceita (ACCEPT) ou rejeita (DROP).

USO DO FIREWALL

Um firewall pode ser usado de diversas formas, aqui serão abordadas duas delas que são: a comunicação de uma rede interna com a internet e a comunicação entre duas sub-redes.

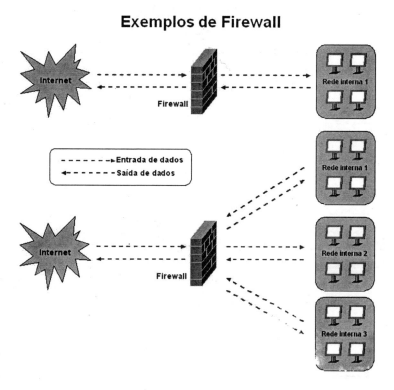

152 ➤ Virtualização de Sevidores Linux

Estudo do Caso

Há uma rede com 10 computadores (rede 1) outra com 5 (rede 2) e mais
uma com 6 (rede 3), onde a configuração do firewall externo é a seguinte:

PLACA DE REDE EXTERNA (ETH0)	
IP	200.220.209.240
Netmast	255.255.255.128
Gateway	200.220.209.128
DNS	200.220.209.2/3
Boardcast	200.220.209.255
PLACA DE REDE INTERNA 1 (ETH1)	
IP	192.168.1.1
Netmast	255.255.255.0
Gateway	192.168.1.1
DNS	200.220.209.2/3
Boardcast	192.168.1.255
PLACA DE REDE INTERNA 2 (ETH2)	
IP	192.168.2.1
Netmast	255.255.255.0
Gateway	192.168.1.1
DNS	200.220.209.2/3
Boardcast	192.168.2.255
PLACA DE REDE INTERNA 3 (ETH3)	
IP	192.168.3.1
Netmast	255.255.255.0
Gateway	192.168.1.1
DNS	200.220.209.2/3
Boardcast	192.168.3.255

Portas Liberadas/Restritas para as Redes

Porta	Nº da Porta
http	80
https	443
ftp	21
ssh	22
smtp	25
pop3	110
msn	6891 a 6901
wtc	3389
telnet	23
SQL	118
Squid	3128
DNS	53

Parâmetros

• Criar nova chain (-N).

• Apagar uma chain vazia (-X).

• Mudar a política de uma chain built-in. (-P).

• Listar as regras de uma chain (-L).

• Apagar todas as regras de uma chain (-F).

• Zerar os contadores de pacotes e bytes de todas as regras de uma chain (-Z).

Existem várias maneiras de trabalhar com regras dentro de uma chain:

• Adicionar uma nova regra na chain (-A).

• Inserir uma nova regra em alguma posição da chain (-I).

• Substituir uma regra em alguma posição da chain (-R).

• Apagar uma regra em alguma posição da chain (-D).

• Apagar a primeira regra que associa (com alguma condição) numa chain (-D).

154 ➤ Virtualização de Sevidores Linux

REGRAS E EXPLICAÇÕES

A seguir, serão disponibilizadas as regras e as suas funções básicas, ou seja, o que ela faz e como aplicar no firewall. Pode também usar variáveis para facilitar a criação do firewall, veja as variáveis usadas:

• VARIÁVEIS

```
EXT_IF = eth0
EXT_IP = IP Externo
```

• EXCLUI TODAS AS REGRAS

```
iptables -t nat -F
iptables -t mangle -F
iptables -t filter -F
```

• EXCLUI CADEIAS CUSTOMIZADAS

```
iptables -X
```

• ZERA OS CONTADORES DAS CADEIAS

```
iptables -t nat -Z
iptables -t mangle -Z
iptables -t filter -Z
```

• ZERA OS CONTADORES DAS CADEIAS

```
iptables -t nat -Z
iptables -t mangle -Z
iptables -t filter -Z
```

• CARREGANDO OS MÓDULOS NECESSÁRIOS

```
modprobe iptable_nat
modprobe iptable_filter
modprobe ip_tables
modprobe ip_conntrack
modprobe ip_conntrack_ftp
modprobe ip_nat_ftp
modprobe ipt_MASQUERADE
modprobe ipt_LOG
modprobe ipt_layer7
```

• DEFINE A POLÍTICA PADRÃO DO FIREWALL

```
iptables -P INPUT DROP
iptables -P OUTPUT ACCEPT
iptables -P FORWARD DROP
```

Acima vimos às regras básicas que nos proporciona trabalhar de forma segura e tranqüila para implementar o nosso firewall como quisermos, usando a técnica e criatividade, mesclando regras e funções, que agora veremos algumas delas mais usadas no dia a dia, que são essenciais para o bom funcionamento do firewall..

• PROTEÇÕES

DESABILITA O TRÁFEGO IP ENTRE AS PLACAS DE REDE:

```
echo "0" > /proc/sys/net/ipv4/ip_forward
```

CONFIGURA A PROTEÇÃO ANTI-SPOOFING:

```
for spoofing in /proc/sys/net/ipv4/conf/*/rp_filter; do
        echo "1" > $spoofing
done
```

156 ➢ Virtualização de Sevidores Linux

IMPEDE QUE UM ATACANTE POSSA MALICIOSAMENTE ALTERAR ALGUMA ROTA:

```
/bin/echo "0" > /proc/sys/net/ipv4/conf/all/accept_redirects

/bin/echo "0" > /proc/sys/net/ipv4/conf/all/secure_redirects
```

DESABILITA ROTAS ENTRE ROTEADORES:

```
echo 0 > /proc/sys/net/ipv4/conf/all/accept_source_route
```

PROTEÇÃO CONTRA RESPONSES BOGUS:

```
echo 1 > /proc/sys/net/ipv4/icmp_ignore_bogus_error_responses
```

PROTEÇÃO CONTRA ATAQUES DE SYN FLOOD (DoS.):

```
echo 1 > /proc/sys/net/ipv4/tcp_syncookies
```

IGNORA PACOTES DE PING:

```
/bin/echo "1" > /proc/sys/net/ipv4/icmp_echo_ignore_all
```

IGNORA PING EM BOARDCAST:

```
/bin/echo "1" > /proc/sys/net/ipv4/icmp_echo_ignore_broadcasts
```

• REGRAS DE ENTRADA (INPUT)

Como o próprio nome diz, são as regras que liberam entradas na rede somente aceitando certos tipos de conexões e deixando somente entrar as portas aqui definidas e implementadas.

Permite que todas as máquinas que se comunicam com a rede local de classe 1 sejam aceitas, mas somente as conexões estabelecidas e relacionadas. Caso contrário nega.

```
iptables -A INPUT -i eth1 -s 192.168.1.0/24 -j ACCEPT

iptables -A INPUT -i eth1 -m state --state NEW -j ACCEPT

iptables -A INPUT -m state --state ESTABLISHED,RELATED -j ACCEPT
```

LIBERA O INPUT PARA A INTERFACE LOOPBACK, OU SEJA, A PRÓPRIA MÁQUINA:

```
iptables -A INPUT -i lo -j ACCEPT
```

PERMITE ICMP 0 (RESPOSTA DE ECHO):

```
iptables -A INPUT -p icmp --icmp-type 0 -j ACCEPT
```

PERMITE ICMP 8 (PEDIDO DE ECHO):

```
iptables -A INPUT -p icmp --icmp-type 8 -j ACCEPT
```

PERMITE O ACESSO AO SERVIDOR USANDO SSH:

```
iptables -A INPUT -p tcp --dport 22 -j ACCEPT
```

PERMITE O ACESSO AO SERVIDOR USANDO FTP:

```
iptables -A INPUT -p tcp --dport 21 -j ACCEPT
```

158 ➤ Virtualização de Sevidores Linux

LIBERA O OPENVPN:

```
iptables -A INPUT -p tcp --dport 1194 -j ACCEPT
```

• REGRAS DE SAÍDA (OUTPUT)

Nessas regras são definidas quais as portas que serão liberadas para a rede externa (INTERNET)

Esta regra libera as conexões de saída somente dos tipos Estabelecidas ou Relacionadas

```
iptables -A OUTPUT -m state --state NEW, ESTABLISHED, RELATED -j ACCEPT
```

• REGRAS POSTROUTING

Mascara a rede interna para acessar a externa:

```
echo 1 > /proc/sys/net/ipv4/ip_forward

iptables -t nat -A POSTROUTING -o $EXT_IF -j MASQUERADE
```

Às vezes há a necessidade de liberação apenas de uma porta em específico para um só computador, para isso deve-se primeiramente saber qual a porta a ser liberada e em seguida qual o IP da máquina que receberá esta liberação. Por exemplo: um usuário com IP 192.168.1.232 e ele quer usar o programa de imposto de renda, ele lhe informa que não está conseguindo enviar a declaração pela internet sendo que a porta que o programa usa é a 3456, segue um exemplo para este problema, que poderá ser aplicado em outros casos somente alterando o N° de IP e porta a ser liberada.

```
iptables -t nat -A POSTROUTING -s 192.168.1.232/32 -p tcp --dport 3456 -j
MASQUERADE
```

Quando há a necessidade de liberação de uma faixa de portas com limite de até 15, pode usar a opção mulitport que facilita em casos de liberação das portas normalmente usadas como a 80,21 e etc...

```
iptables -t nat -A POSTROUTING -p tcp -o eth0 -m multiport --dport 80,21,3128,53 -j MASQUERADE
```

Esta complementa a regra anterior para aceitar essas liberações.

```
iptables -A INPUT -i eth1 -m state --state ESTABLISHED,RELATED -j ACCEPT
```

• REGRAS PREROUTING

Esta regra permite redirecionar o IP externo do servidor para uma máquina na rede. Esta regra é usada quando há um servidor WEB, um FTP ou até mesmo para usar um VNC ou qualquer outro programa de acesso remoto. Enfim, qualquer serviço ou computador que você queira acessar de fora (INTERNET) pode fazer daqui. Exemplo: você quer acessar um servidor WEB que está na sua rede interna, o IP do servidor é o 192.168.1.10, eis a regra para esta disponibilidade. Onde a primeira recebe o valor da interface externa eth0 na porta 80 e redireciona para o IP na rede interna na porta 80 também, na segunda ele faz com que a primeira regra seja aceita.

```
iptables -A PREROUTING -t nat -p tcp -i $EXT_IF -d $EXT_IP --dport 80 -j DNAT --to 192.168.1.2:80

iptables -A FORWARD -p tcp -i $EXT_IF -d 192.168.1.10 --dport 80 -j ACCEPT
```

• REGRAS FORWARD

Suponha que você é o chefe da sua empresa e não quer nenhuma restrição na sua internet, esta regra faz com que o IP aqui colocado fique totalmente liberado para aceitar todos os tipos de pacotes:

160 ➤ Virtualização de Sevidores Linux

```
iptables -A FORWARD -s 192.168.1.100 -j ACCEPT
```

Nos casos em que é usado o squid em conjunto com o firewall deve liberar a porta 3128 para o funcionamento do squid:

```
iptables -A FORWARD -i eth1 -p tcp --dport 3128 -j ACCEPT
```

Faz com que as conexões do servidor na porta 80 sejam redirecionadas para a 3128 do squid para complementar a regra anterior:

```
iptables -t nat -A PREROUTING -i eth1 -p tcp --dport 80 -j REDIRECT --to-port
3128
```

LIBERA A PORTA DO DNS PARA QUE O MESMO SEJA RETRANSMITIDO:

```
iptables -A FORWARD -i eth1 -p udp --dport 53 -j ACCEPT
```

LIBERA O ACESSO A PORTA DO HTTPS PARA A REDE LOCAL:

```
iptables -A FORWARD -i eth1 -p tcp --dport 443 -j ACCEPT
```

PERMITE A COMUNICAÇÃO PARA OS SERVIDORES FTP:

```
iptables -A FORWARD -i eth1 -p tcp --dport 21 -j ACCEPT
```

O Script de Firewall

Serão usadas as seguintes configurações de firewall para estudo neste livro:

Digite:

```
chmod +x rc.ip_forward
```

Com este comando você habilita o mascaramento da rede externa com a interna de forma direta.

Segue o script e Inclua a permissão de execução no seu script Gateway:

```
chmod u+x gateway.sh
```

```
#!/bin/bash
############################################################
#FLUSH
############################################################
iptables -F
iptables -X
iptables -t nat -F
iptables -t nat -X
############################################################
# MODULOS
############################################################
modprobe iptable_nat
modprobe ip_conntrack
modprobe ip_conntrack_ftp
modprobe ip_nat_ftp
############################################################
# Variavel do seu Firewall
############################################################
IF_IN=eth1
IF_EXT=eth0
IP_ADM=192.168.1.100
############################################################
#Permiti entrada SSH do conputador do Administrador
############################################################
iptables -A INPUT -p tcp -i $IF_IN -s $IP_ADM --dport 22 -j ACCEPT
```

162 ➤ Virtualização de Sevidores Linux

```
iptables -A INPUT -p tcp -o $IF_IN -d $IP_ADM --sport 22 -j ACCEPT
###############################################################
# As regras abaixo portege o firewall de ataques
###############################################################
echo '1' > /proc/sys/net/ipv4/icmp_echo_ignore_all
#############################################
# Regra PADRAO
###############################################################
iptables -P INPUT DROP
iptables -P FORWARD ACCEPT
iptables -P OUTPUT DROP
```

Servidor DHCP

Servidor Físico 2

Em uma rede de grande porte onde existem muitas estações que necessitam do serviço de TCP/IP, para facilitar o trabalho do administrador de redes é usado um servidor DHCP, onde a distribuição do IP é automática a partir de um IP base que é configurado pelo administrador em um servidor DHCP. O seu arquivo de configuração fica localizado no seguinte caminho */etc/dhcpd.conf*.

Será usado no servidor Linux o DHCP3 Server, que já vem instalado por padrão, com a seleção dos servidores de rede. Veja agora os itens de configuração do nosso *dhcpd.conf*.

SERVER-IDENTIFIER:

Deve ser identificado por nome no servidor já configurado no *netconfig*.

EX: server-identifier "nome do servidor";

164 ➤ Virtualização de Sevidores Linux

DDNS-UPDATE-STYLE AD-HOC:

Parâmetro que efetua o update (atualização) do DNS da rede interna sincronizando assim com o da rede externa, para o mesmo ser distribuído para toda a rede junto com o IP.

SUBNET:

Define o endereço da rede interna.

EX: Para uma rede que tem o servidor proxy firewall 192.168.1.1 usaremos 192.168.1.0, para 10.0.0.1 usaremos 10.0.0.0 e 127.0.0.0 para 127.0.0.1, sendo assim: *subnet 192.168.1.0.*

NETMASK:

Resolve a máscara de sub-rede.

EX: 255.255.255.0 para uma rede 192.168.0.0, 255.0.0.0 para uma rede 10.0.0.0 e 255.255.0.0 para uma rede 127.0.0.0, ficando da seguinte forma: *netmask 255.255.255.0.*

RANGE:

Determina o IP inicial e final a ser distribuído na rede local tomando como base o IP do servidor DHCP.

EX: *range 192.168.1.100 192.168.1.150* onde o primeiro IP é o inicial e o segundo o final.

Capítulo 17 - Servidor DHCP ➤ 165

OPTION DOMAIN-NAME:

Nome do domínio do servidor, domínio também definido anteriormente no *netconfig*:

EX: *option domain-name "lotus.local"*

OPTION DOMAIN-NAME-SERVERS:

Definição dos servidores DNS primário e secundário externos.

EX: *option domain-name-servers 200.169.96.11,200.220.199.2*, seguindo na mesma ordem do *range* onde o primeiro IP é o DNS primário e o segundo do DNS secundário.

OPTION ROUTERS:

Gateway da conexão externa.

EX: *option routers 201.23.217.254.*

OPTION SUBNET-MASK:

Subnet da rede externa, que pode ser obtida através do comando *ifconfig* observando a placa de rede externa.

Para definir um IP fixo em um determinado micro use a configuração a seguir:

```
#host micro1 {
#       hardware ethernet 00:00:00:00:00:00;
#       fixed-address 192.168.1.135;
#}
```

166 ➤ Virtualização de Sevidores Linux

Onde *hardware ethernet* é o endereço MAC (endereço físico) da placa de rede, e *fixed-address* o endereço IP que deseja se fixar, por fim sempre que o micro portador da placa de rede com esse endereço MAC definido será iniciado com o IP *192.168.1.135.*

OPTION NIS-SERVERS:

Setamos aqui o IP do servidor de domínio.

EX: *option nis-servers 192.168.0.30;*

OPTION NIS-DOMAIN:

Seguindo a mesma linha anterior para o nome de domínio.

EX: *option nis-domain "lotus"*

DEFAULT-LEASE-TIME:

Este parâmetro nos permite dizer de quanto em quanto tempo o **IP** vai ser renovado, definido em segundos, mas assumindo o mesmo **IP**.

EX: *default-lease-time 600*; concessão de 10 minutos.

MAX-LEASE-TIME:

Seguindo basicamente o parâmetro anterior após o tempo determinado ele troca por outro **IP**.

EX: *max-lease-time 7200*; após 2 horas irá trocar de **IP**.

SHARED-NETWORK:

Define qual a placa de rede que será tomada como base para o servidor DCHP.

EX: *shared-network eth0 {*

Veja agora um exemplo de um servidor DHCP com duas sub-redes, uma renovável e uma outra fixa pelo endereço MAC. A seguir, um dhcpd.conf com os parâmetros já mostrados anteriormente.

O ARQUIVO DE CONFIGURAÇÃO

Veja a seguir um arquivo de configuração que usa alguns dos recursos citados anteriormente, preste bastante atenção nos comentários.

ATUALIZAÇAO DO DNS

```
ddns-update-style none;
```

ESTE É O SERVIDOR AUTORITARIO, CASO HAJA OUTRO NA REDE

```
authoritative;
```

Configurações Globais

Tempo padrão de emprestimo de ip

```
default-lease-time 28800;
```

Tempo maximo para emprestimo de ip

```
max-lease-time 43200;
```

Configuracao do gateway padrao

```
option routers 192.168.0.1;
```

Configuracao do DNS

```
option domain-name "net.local";
option domain-name-servers 200.220.209.2,200.220.209.3;
```

Configuracao do domino NIS

```
option nis-servers 192.168.0.10;
option nis-domain "matrix";
```

Servidor de horario (NTP)

```
option ntp-servers 192.168.0.10;
```

Configurações da Rede

Configuração especifica para a rede 192.168.1.0/24

```
subnet 192.168.1.0 netmask 255.255.255.0 {
```

Define o endereço de boardcast

```
option broadcast-address 192.168.1.255;
```

Capítulo 17 - Servidor DHCP ➤ 169

FAIXAS DE IP DISPONIVEL

```
range 192.168.1.30 192.168.5.110;
```

#DEFINE OS HOSTS QUE DEVEM OBTER ENDEREÇOS IP ESTÁTICOS.

#FAIXA DE IP RESERVADA - 192.168.1.30 / 192.168.1.100 BOARD-CAST 192.168.1.51

```
group {
    use-host-decl-names true;
    host meupc {
            hardware ethernet 00:08:54:17:a6:82;
            fixed-address 192.168.1.30;
            }
```

Obs: Os dados que seguem sombreados são os dados a serem colocados dentro do arquivo de configuração.

INICIANDO O SERVIÇO

Para o serviço iniciar automaticamente digite dentro do /etc/rc.d/rc.local o código a seguir:

```
dhcpd stop
dhcpd start
dhcpd restart
```

Você pode também habilitar a inicialização padrão dando permisão de execução ao arquivo **rc.dhcpd** localizado em /etc/rc.d/**rc.dhcpd** com o seguinte comando:

```
chmod +x /etc/rc.d/rc.dhcpd
```

Assim feito, tanto na 1ª ou na 2ª fórmula, o serviço começará automaticamente ao iniciar o servidor, caso deseje reiniciar o serviço sem reiniciar tudo digite dhcpd restart.

Servidor DNS / BIND

Servidor Físico 2

O serviço de DNS tem como funcionalidade resolver nomes da rede no exemplo, o servidor vai prover o serviço de domínio, tanto externo quanto somente como servidor de cache para a rede interna, mais precisamente para o acesso a internet das estações, acelerando a conexão. Use também o CHROOT para segurança de domínio, pois assim, mesmo que o invasor consiga entrar, ele não conseguira tombar o serviço do BIND.

Baixando e Instalando

```
# wget http://ftp.planetmirror.com/.../slackware/n/bind-9.3.0-i486-3.tgz
# installpkg bind-9.3.0-i486-3.tgz
```

172 ➤ Virtualização de Sevidores Linux

Configurando o CHROOT

Crie o usuário named e o grupo named.M

```
# groupadd named
# useradd -g named -d /chroot/named -s /bin/true named
# passwd -l named
```

Crie a estrutura do CHROOT da seguinte forma:

```
# mkdir -p /chroot/named
# cd /chroot/named
# mkdir dev
# mkdir etc
# mkdir logs
# mkdir -p var/run
# mkdir -p conf/secondaries
# mknod dev/null c 1 3
# mknod dev/zero c 1 5
# mknod dev/random c 1 8
# cp /etc/localtime etc
```

Criando os Arquivos de Configuração

Crie as Confs e as chaves com o seguinte comando:

```
# rndc-confgen
```

Capítulo 18 - Servidor DNS / BIND ➤ 173

Você verá as seguintes informações:

```
# Start of rndc.conf
key "rndc-key" {
        algorithm hmac-md5;
        secret "Omr8iAOt9KOuW4jankgInQ==";
};

options {
        default-key "rndc-key";
        default-server 127.0.0.1;
        default-port 953;
};
# End of rndc.conf

# Use with the following in named.conf, adjusting the allow list as needed:
# key "rndc-key" {
#       algorithm hmac-md5;
#       secret "Omr8iAOt9KOuW4jankgInQ==";
# };
#
# controls {
#       inet 127.0.0.1 port 953
#               allow { 127.0.0.1; } keys { "rndc-key"; };
# };
# End of named.conf
```

Com este comando serão gerados dois arquivos, um que vai ser usado em /chroot/named/etc/rndc.conf e outro que deve ser adicionado em /chroot/named/etc/named.conf.

Crie o arquivo /chroot/named/etc/named.conf e coloque o conteúdo a seguir nele.

```
options {
        directory       "/conf";
        pid-file        "/var/run/named.pid";
        statistics-file "/var/run/named.stats";
        dump-file       "/var/run/named.db";
        transfer-format many-answers;
        # hide our "real" version number
        version         "[secured]";
};
```

174 ➤ Virtualização de Sevidores Linux

```
# Use with the following in named.conf, adjusting the allow list as needed:
key "rndc-key" {
        algorithm hmac-md5;
        secret "Omr8iAOt9KOuW4jankgInQ==";
};

controls {
        inet 127.0.0.1 port 953
                allow { 127.0.0.1; } keys { "rndc-key"; };
};
# End of named.conf


# The root nameservers
zone "." {
        type    hint;
        file    "db.rootcache";
};

# localhost - forward zone
zone    "localhost" {
        type    master;
        file    "db.localhost";
        notify  no;
};

# localhost - inverse zone
zone    "0.0.127.in-addr.arpa" {
        type    master;
        file    "db.127.0.0";
        notify no;
};

zone "meudomínio.com.br" in {
        type master;
        file "meudomínio.com.br.domain";
};
```

Capítulo 18 - Servidor DNS / BIND ➢ 175

Crie o conteúdo do /chroot/named/etc/rndc.conf com o conteúdo gerado:

```
# Start of rndc.conf
key "rndc-key" {
        algorithm hmac-md5;
        secret "Omr8iAOt9KOuW4jankgInQ==";
};

options {
        default-key "rndc-key";
        default-server 127.0.0.1;
        default-port 953;
};
# End of rndc.conf
```

Agora copie o arquivo criado para /etc/rndc.conf:

```
# cp /chroot/named/etc/rndc.conf /etc/rndc.conf
```

Crie o /chroot/named/conf/db.rootcache com o seguinte comando:

```
# dig @a.root-servers.net . ns > /chroot/named/conf/db.rootcache
```

Crie o arquivo /chroot/named/conf/db.localhost e coloque o conteúdo
guir nele:

```
;
; db.localhost
;
$TTL    86400

@       IN SOA   @ root (
                    42              ; serial (d. adams)
                    3H              ; refresh
                    15M             ; retry
                    1W              ; expiry
                    1D )            ; minimum

        IN NS       @
        IN A        127.0 0.1
```

176 ➤ Virtualização de Sevidores Linux

Crie o arquivo /chroot/named/conf/db.127.0.0.0 e coloque o conteúdo a seguir nele:

```
;
; db.127.0.0
;
$TTL    86400
@       IN      SOA     localhost. root.localhost.  (
                        1 ; Serial
                        28800       ; Refresh
                        14400       ; Retry
                        3600000     ; Expire
                        86400 )     ; Minimum
        IN      NS      localhost.
1       IN      PTR     localhost.
```

Crie o arquivo /chroot/named/conf/meudomínio.com.br.domain e coloque o conteúdo a seguir nele, lembrando que se você for criar um domínio com outro nome, por exemplo.: uol.com.br, você deverá substituir meudomínio.com.br por uol.com.br, mesmo no nome do arquivo que está sendo criado agora.

```
$TTL    86400
; Authoritative data for meudomínio.com.br
;
@   IN      SOA localhost. root.meudomínio.com.br.  (
                2005011297      ; Serial (yymmddxx)
                10800           ; Refresh 3 hours
                3600            ; Retry   1 hour
                36000           ; Expire  10 hours
                86400 )         ; Minimum 24 hours
        IN      NS      ns1.meudomínio.com.br.
        IN      NS      ns2.meudomínio.com.br.

;
;Recebimento de mensagens de mail
;

meudomínio.com.br.  IN      MX      0       mx
meudomínio.com.br.  IN      MX      10      mx

localhost   IN      A           127.0.0.1
            IN      HINFO       INTEL/110       LINUX
ns1         IN      A           100.100.100.100
```

Capítulo 18 - Servidor DNS / BIND ➤ 177

```
ns2       IN      A         100.100.100.100
mx        IN      A         100.100.100.100
smtp      IN      A         100.100.100.100
pop       IN      A         100.100.100.100
www       IN      A         100.100.100.100
ftp       IN      A         100.100.100.100
```

OBS: Substitua o IP 100.100.100.100 para o IP correto.

Criando o Arquivo de Permissão e de Inicialização

Crie o arquivo /chroot/named.perms e cole o conteúdo a seguir nele:

```
#
# named.perms
#
# Set the ownership and permissions on the named directory
#

cd /chroot/named

# By default, root owns everything and only root can write, but dirs
# have to be executable too. Note that some platforms use a dot
# instead of a colon between user/group in the chown parameters}

chown -R root:named .

find . -type f -print | xargs chmod u=rw,og=r # regular files
find . -type d -print | xargs chmod u=rwx,og=rx # directories

# the named.conf and rndc.conf must protect their keys
chmod o= etc/*.conf

# the "secondaries" directory is where we park files from
# master nameservers, and named needs to be able to update
# these files and create new ones.


touch conf/secondaries/.empty # placeholder
```

178 ➤ Virtualização de Sevidores Linux

```
find conf/secondaries/ -type f -print | xargs chown named:named
find conf/secondaries/ -type f -print | xargs chmod ug=r,o=

chown root:named conf/secondaries/
chmod ug=rwx,o= conf/secondaries/

# the var/run business is for the PID file
chown root:root var/
chmod u=rwx,og=x var/

chown root:named var/run/
chmod ug=rwx,o=rx var/run/

# named has to be able to create logfiles
chown root:named logs/
chmod ug=rwx,o=rx logs/
```

Agora execute o comando seguinte, para dar as devidas permissões em toda estrutura:

```
# sh -x /chroot/named.perms
```

Você verá a seguinte mensagem:

```
+ cd /chroot/named
+ chown -R root:named .
+ find . -type f -print
+ xargs chmod u=rw,og=r
+ find . -type d -print
+ xargs chmod u=rwx,og=rx
+ chmod o= etc/named.conf etc/rndc.conf
+ touch conf/secondaries/.empty
+ find conf/secondaries/ -type f -print
+ xargs chown named:named
+ find conf/secondaries/ -type f -print
+ xargs chmod ug=r,o=
+ chown root:named conf/secondaries/
+ chmod ug=rwx,o= conf/secondaries/
+ chown root:root var/
+ chmod u=rwx,og=x var/
+ chown root:named var/run/
+ chmod ug=rwx,o=rx var/run/
```

Crie o arquivo /chroot/named.start com o seguinte conteúdo:

```
#
# named.start
#
#       Note: the path given to the "-c" parameter is relative
#       to the jail's root, not the system root.
#
#       Add "-n2" if you have multiple CPUs
#
# usage: named [-c conffile] [-d debuglevel] [-f|-g] [-n number_of_cpus]
#              [-p port] [-s] [-t chrootdir] [-u username]

cd /chroot/named

# make sure the debugging-output file is writable by named
touch named.run
chown named:named named.run
chmod ug=rw,o=r   named.run

PATH=/usr/local/sbin:$PATH named
        -t /chroot/named
        -u named
        -c /etc/named.conf
```

Agora dê a permissão nele para executar:

```
# chmod a+x /chroot/named.start
```

Recrie o arquivo de inicialização do bind:

```
# rm -r /etc/rc.d/rc.bind
```

180 ➤ Virtualização de Sevidores Linux

Agora crie novamente o arquivo /etc/rc.d/rc.bind com o seguinte conteúdo:

```
#!/bin/sh
#
# named
#

export PATH=/usr/sbin:$PATH          # needed for rndc

case "$1" in
  start)
        # Start daemons.
        echo -n "Starting named: "
        sh /chroot/named.start
        echo "done"
        ;;
  stop)
        # Stop daemons.
        echo -n "Shutting down named: "
        killall named
        echo "done"
        ;;
esac
```

Dê a permissão necessária no arquivo de inicialização:

```
# chmod +x /etc/rc.d/rc.bind
```

Excluindo a estrutura normal do named e alterando o resolv.conf

```
# rm -r /etc/named.conf
```

```
# rm -r /var/named
# rm -r /etc/rndc.key
```

Capítulo 18 - Servidor DNS / BIND ➤ 181

Altere o /etc/resolv.conf para o seguinte conteúdo:

```
search meudomínio.com.br
nameserver 100.100.100.100
```

OBS: ALTERE O IP 100.100.100.100 para o IP do SERVIDOR. E o meudomínio.com.br PARA O REAL DOMÍNIO QUE VOCÊ ESTÁ CONFIGURANDO.

Iniciando e Testando

Para iniciar o bind dê o seguinte comando:

```
# /etc/rc.d/rc.bind start
```

Para finalizar o bind dê o seguinte comando:

```
# /etc/rc.d/rc.bind stop
```

Testando

1 - Para verificar se o bind está rodando, basta dar o comando a seguir:

```
# ps aux | grep bind
```

Você verá algo parecido como:

```
named    10067  1.7  2.5 14968 12952 ?      Ss   14:08
0:11 named -t /chroot/named -u named -c /etc/named.conf
root     13642  0.0  0.1  1728  660 pts/2   S+   14:20
0:00 grep named
```

182 ➤ Virtualização de Sevidores Linux

2 - Para testar se o nosso server está devidamente configurado para receber o meudomínio.com.br entre no link:

http://registro.br/cgi-bin/nicbr/dnscheck

Informe o domínio o IP do seu servidor, você deverá receber a seguinte mensagem:

```
Dominio meudominio.com.br
DNS 100.100.100.100
   Autoridade sobre o domínio
   2005011297
   Tempo de resposta -> 0.06 s
```

Instalando o VMware no Slackware

Servidor Físico 2

Baixe os seguintes arquivos:

HTTP://WWW.VMWARE.COM/DOWNLOAD/SERVER/

Vmware-server-1.0.3-44356.tar.gz

HTTP://PLATAN.VC.CVUT.CZ/FTP/PUB/VMWARE/

vmware-any-any-update113.tar.gz

184 ➤ Virtualização de Sevidores Linux

Faça o registro no site, pois será solicitado o serial na hora da configuração

 HTTP://REGISTER.VMWARE.COM/CONTENT/REGISTRATION.HTML

Crie os diretórios:

```
mkdir /etc/init.d
mkdir /etc/init.d/rc0.d
mkdir /etc/init.d/rc1.d
mkdir /etc/init.d/rc2.d
mkdir /etc/init.d/rc3.d
mkdir /etc/init.d/rc4.d
mkdir /etc/init.d/rc5.d
mkdir /etc/init.d/rc6.d
mkdir /etc/pam.d
```

Para instalar digite:

```
tar -xzf /Path/To/VMware-server-1.0.3-xxx.tar.gz

cd VMware-server-distrib

sudo VMware-install.pl
```

Depois instale a atualização.

```
cd /VMware-any-any-update109

tar xvzf /Path/To/VMware-any-any-update109.tar.gz

sudo ./runme.pl

sudo VMware-config.pl
```

Depois de fazer isso o VMware entrará no modo de configuração automaticamente, onde serão perguntados quais as placas de rede, o diretório que será gravado a máquina virtual e etc.

Será criado a vmnet0 que será em bridge com a eth0, a vmnet2 com a eth1 e a vmnet8 uma interface com o NAT habilitado.

Capítulo 20

WEB / PHP5 / My SQL

Servidor Virtual 3

Instalando o sistema base:

Conforme foi feito no **capítulo 1** instale o **Ubuntu 7.10** LAMP, seguindo a instalação a risca. A tela a seguir mostra a opção que deverá ser marcada.

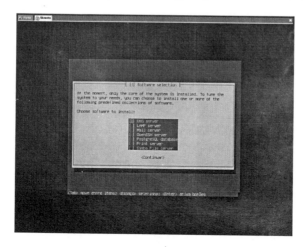

188 ➢ Virtualização de Sevidores Linux

Neste servidor serão utilizados os seguintes pacotes:

- Apache2
- PHP5
- My SQL Server

Todos eles já estão instalados, basta apenas atualizá-los e configurá-los, seguindo os passos necessários para instalação, atualização e configuração dos pacotes citados neste capítulo.

Como padrão, o usuário root vem bloqueado, habilite o usuário root com os seguintes comandos:

```
sudo passwd root
su
```

Em seguida cadastre a senha do root.

Logue como root.

INSTALANDO O APACHE 2

```
apt-get install apache2
```

TESTANDO O APACHE

Em uma máquina da rede acesse: **http://localhost/** no seu navegador de preferência, acesse a pasta **apache2-default/** também no navegador, em seguida aparecerá a seguinte mensagem: **"It works!"**. Isso significa que o apache funcionou corretamente, caso contrário verifique a estação que você está utilizando e as configurações de rede, por último reinstale o **Apache**.

Instalando o **PHP 5**

```
sudo apt-get install php5 libapache2-mod-php5
```

Reinicie o servidor Apache:

```
sudo /etc/init.d/apache2 restart
```

Testando o **PHP 5**

- 1º Passo:

Crie o arquivo: **/var/www/testphp.php.**

- 2º Passo

Dentro desse arquivo coloque o seguinte código: **<?php phpinfo(); ?>**

- 3º Passo

Salve e feche o arquivo

- 4º Passo

190 ➤ Virtualização de Sevidores Linux

Acesse o endereço a seguir para testar o PHP.

```
http://localhost/testphp.php
```

INSTALANDO O MYSQL SERVER

Terminado a instalação do PHP vamos instalar e criar a base de dados para o nosso servidor. Para instalar o MySQL Server seguem os comandos necessários:

- 1º Passo

```
sudo apt-get install mysql-server
```

- 2º Passo

Aqui há um servidor DNS "Bind Address" que deverá ser adicionado no arquivos: my.cnf. Vamos às configurações necessárias:

Com permissão de root edite o arquivo: **/etc/mysql/my.cnf**. Procure a linha:

```
bind-address = 127.0.0.1
```

Subistitua o IP **127.0.0.1** pelo IP do servidor em questão: EX: **192.168.1.104.**

- 3º Passo

Agora defina a senha de administração para o servidor My SQL definindo o root como administrador.

```
mysql -u root
```

Defina a senha do My SQL com o comando seguir, trocando o texto em parênteses por uma senha de sua escolha.

```
mysql> SET PASSWORD FOR 'root'@'localhost' = PASSWORD('sua senha');
```

• 4º Passo

Para administrar o servidor via Web é necessário instarlar os seguintes pacotes:

1. **libapache2-mod-auth-mysql** (Módulo de autenticação do My SQL para o Apache2).

2. **php5-mysql** (Módulo do My SQL para o PHP5).

3. **phpmyadmin** (Módulo de administração de banco de dados).

Para instalação dos pacotes anteriores segue o comando:

```
sudo apt-get install libapache2-mod-auth-mysql php5-mysql phpmyadmin
```

Após instalado o descrito nos procedimentos configure o PHP para ler o banco de dados My SQL, editando o arquivo **php.ini** como se segue:

Abra o arquivo **/etc/php5/apache2/php.ini.**

192 ➤ Virtualização de Sevidores Linux

Procure a linha: **;extension=mysql.so.**

Descomente-a retirando o **(;)** conforme em seguida: **extension=mysql.so.**

Reinicie o servidor Apache:

```
sudo /etc/init.d/apache2 restart
```

Serviços de E-mail

Servidor Virtual 4

Expresso Livre

O expresso livre é uma ferramenta originalmente desenvolvida pela http://www.egroupware.org/, uma empresa alemã de desenvolvimento de software livre, que foi modificada e melhorada pelo governo do Estado do Paraná, afim de proporcionar aos usuários da rede corporativa da cidade em ferramenta de fácil acesso e disponibilidade, além de rapidez e baixo custo.

Serviços Disponíveis

- Webmail
- Serviços de agenda eletrônica
- Catálogo de endereços
- Workflow

CARACTERÍSTICAS

- Alta Escalabilidade
- Baixo custo
- Independência de fornecedor
- Utilização de protocolos padrões
- Independência de plataforma cliente
- Independência de plataforma servidor
- Mobilidade dos usuários

BAIXANDO O EXPRESSO LIVRE

Adquira o pacote em:

HTTP://WWW.EXPRESSOLIVRE.ORG/HTML/EXPRESSOLIVRE/DOWNLOADS/RELEASES/EXPRESSO.TAR.GZ

INSTALANDO O EXPRESSO LIVRE

Para instalar o pacote do Expresso você deve ter um sistema base instalado e configurado. Use o Ubuntu, cuja instalação foi abordada anteriormente no **Capítulo 1 - Instalando o Ubuntu 7.10 – Servidor de Domínio de Backup**. Siga à risca a instalação.

O que o script de instalação faz:

- Instala os pacotes necessários para o Expresso Livre
- Copia e configura os arquivos de configuração destes pacotes.
- Copia os arquivos do Expresso Livre.
- Instala um Banco de Dados pré-configurado para a utilização do Expresso Livre.
- Instala uma base OpenLDAP pré-configurado para a utilização do ExpressoLivre.

Execute (como root) o arquivo expressoInstall.sh

```
./expressoInstall.sh
cp -rv expresso /var/www/
chown -R www-data.www-data /var/www/expresso
```

Figura 1

196 ➤ Virtualização de Sevidores Linux

Logo em seguida o Script irá perguntar algumas coisas e irá informar que deverá fazer o download de alguns pacotes. Responda <S> e siga as instruções.

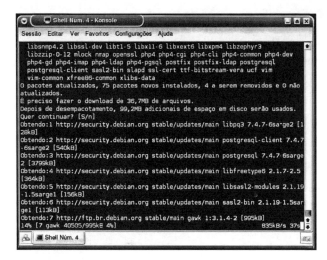

Figura 2

Baixando os pacotes necessários:

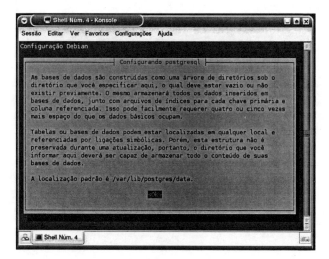

Figura 3

Capítulo 21 - Serviços de e-mail ➤ 197

Configuração do PostgreSQL.

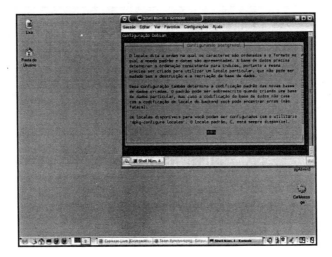

Figura 4

Configuração do Locate.

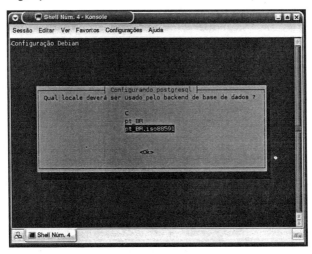

Figura 5

198 ➢ Virtualização de Sevidores Linux

Escolha a iso88591.

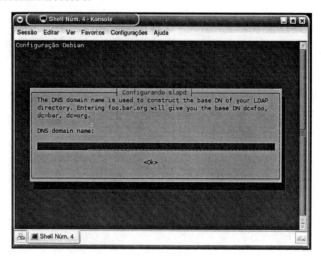

Figura 6

Configuração do OpenLDAP.

Esta é a raiz da estrutura da sua árvore LDAP.

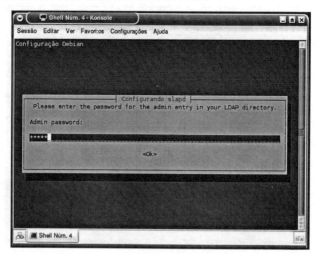

Figura 7

Capítulo 21 - Serviços de e-mail ➤ 199

Defina a senha do OpenLDAP

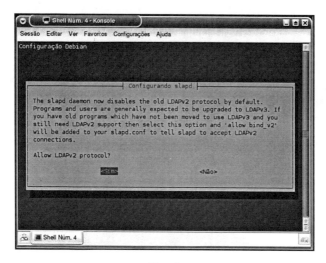

Figura 8

O sistema irá perguntar a respeito do protocolo LDAPv2, responda <SIM>.

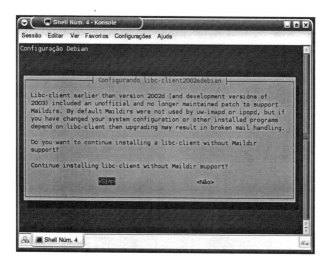

Figura 9

200 ➤ Virtualização de Sevidores Linux

Suporte ao Mail Dir? responda <**SIM**>.

Por fim, siga as telas de configuração do postfix. A documentação original se encontra em:

 HTTP://WWW.EXPRESSOLIVRE.ORG/HTML/EXPRESSOLIVRE/DO-WNLOADS/DOCUMENTS/EXPRESSOINSTALL.PDF

Caso você tenha alguma dificuldade para as configurações posteriores.

FUNCIONANDO

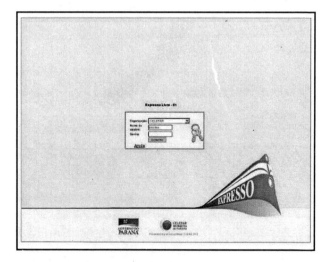

Figura 10

Tela de login.

Capítulo 21 - Serviços de e-mail ➢ 201

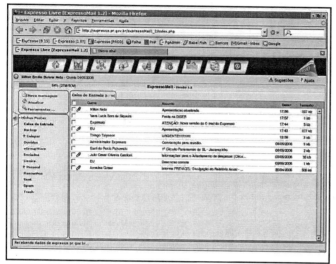

Figura 11

Expresso Mail.

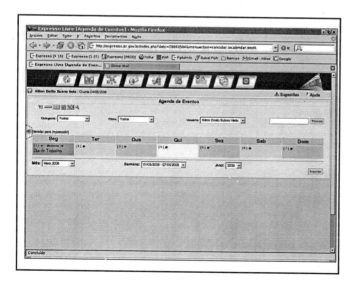

Figura 12

Agenda de Eventos.

202 ➤ Virtualização de Sevidores Linux

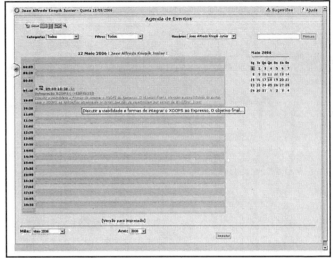

Figura 13

Central de contatos.

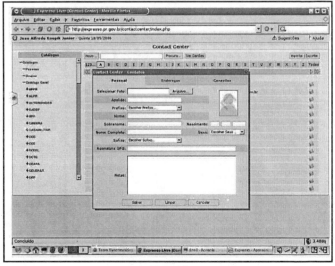

Figura 15

Cadastrando Contatos

O expresso é uma ferramenta livre, mas que devem ser respeitados os seus direitos autorais.

CONFIGURANDO CLIENTES (WINDOWS XP PROFESSIONAL)

ESTAÇÕES WINDOWS

INSERINDO COMPUTADORES NO DOMÍNIO

Para que um cliente seja controlado pelo domínio da rede e acesse os serviços disponibilizados nela, é necessário primeiramente cadastrar o micro no domínio e em seguida configurá-lo no mesmo. Para que isso funcione siga as instruções das telas:

206 ➢ Virtualização de Sevidores Linux

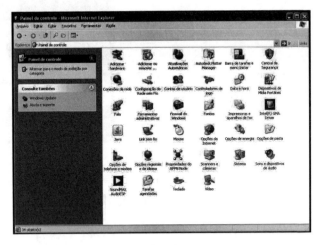

Figura 1

Abra o painel de controle e abra o ícone sistema.

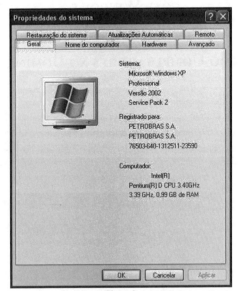

Figura 2

Abra a guia <**Nome do Computador**>.

Capítulo 22 - Configurando Clientes (Windows XP Professional) ➢ 207

Figura 3

Clique em <**Alterar**>.

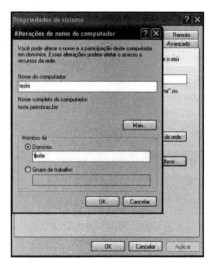

Figura 4

Configure o nome do micro e o domínio, sendo o mesmo criado na configuração do servidor.

O sistema pedirá que o micro seja reinicializado, e depois será exibida uma tela de logon onde você deverá digitar o usuário, a senha e o domínio correspondentes.

INSTALANDO O PANDION

Trata-se do gerenciador de mensagens instantâneas que será usado exclusivamente para comunicação entre os funcionários da empresa já configurados no servidor virtual 2 juntamente com o domínio, ou seja, o **JABBER**.. Com uma interface amigável e muito parecido com o MSN que conhecemos, está sob a licença GPL e é de livre utilização. Pode ser baixado gratuitamente em:

HTTP://WWW.PANDION.BE/DOWNLOAD/

A instalação do PANDION segue como qualquer outro software conhecido, apenas Next>Next>Finish.

Para configurá-lo basta informar o e-mail que será o nome no usuário seguido por @ e o nome do domínio posteriormente a senha que foi cadastrada para este usuário (Figura 5).

Figura 5

Capítulo 22 - Configurando Clientes (Windows XP Professional) ➢ 209

Figura 6

Será exibida uma tela como a do MSN aguardando a conexão com o servidor. Depois disso é só aproveitar os recursos que a rede oferece, mas se lembre-se que tudo será monitorado e tudo o que você fizer será gravado com o seu usuário, mas isso é um assunto para o próximo livro.

Servidor de Domínio Primário no Ubuntu 7.10

Servidor Virtual 2 Opcional

Este capítulo trata de um caso à parte em que usaremos um servidor de Domínio Primário com o Ubuntu 7.10, no lugar do EBOX (Servidor Virtual 2) sem alguns recursos disponibilizados no EOX, sendo assim é uma boa opção para que a rede fique mais rápida e enxuta, acelerando o tráfego, pois não usaremos perfis móveis, será somente o controlador de domínio e o home dos usuários mapeados indicidualmente usando cotas de disco.

Devemos lembrar que a instalação do Ubuntu 7.10 foi abordada no capítulo 1 na Instalação do Servidor de Domínio de Backup.

212 ➤ Virtualização de Sevidores Linux

Samba como Controlador de Domínio no Ubuntu

Comece a configuração do **SAMBA**, que é um software que faz a comunicação entre Windows e Linux, sendo utilizado para compartilhar arquivos e impressoras e também para ser um **PDC, (Primary Domain Controler)**, ou seja, Controlador Primário de Domínio, para administrar os acessos à rede em nível de usuário.

Configurando o Servidor de Domínio

Como padrão, o usuário root vem bloqueado. Habilite o usuário root com os seguintes comandos:

```
sudo passwd root
su
```

Em seguida cadastre a senha do root seguido de logoff do usuário e logon com o root recém liberado.

Configure a rede editando o arquivo **/etc/network/interfaces**.conforme a seguir, partindo da configuração do nosso gateway 192.168.1.1 que vimos em configuração do firewall.

Digite:

```
vi /etc/network/interfaces
```

Capítulo 23 - Servidor de Domínio Primário no Ubuntu 7.10 ➢ 213

```
# This file describes the network interfaces available on your system
# and how to activate them. For more information, see interfaces(5).
# The loopback network interface
auto lo
iface lo inet loopback
# This is a list of hotpluggable network interfaces.
# They will be activated automatically by the hotplug subsystem.
mapping hotplug
        script grep
        map eth0
# The primary network interface
auto eth0
iface eth0 inet static
        address 192.168.1.100
        netmask 255.255.255.0
        network 192.168.1.0
        broadcast 192.168.0.255
        gateway 192.168.1.1
```

Em seguida reinicie o serviço de rede com o comando:

```
etc/init.d/networking restart
```

Defina o hostname do nosso servidor, digitando o comando a seguir e seguindo o exemplo:

```
vi /etc/hosts
```

```
127.0.0.1       localhost.localdomain   localhost       server1
192.168.0.100   server1.exemplo.com     server1
# The following lines are desirable for IPv6 capable hosts
::1     ip6-localhost ip6-loopback
fe00::0 ip6-localnet
ff00::0 ip6-mcastprefix
ff02::1 ip6-allnodes
ff02::2 ip6-allrouters
ff02::3 ip6-allhosts
```

Configurando o APT-GET

Caso o seu servidor esteja em uma rede onde se use um servidor Proxy, atente para as seguintes configurações:

1º Caso - Atrás de um Proxy Transparente

Edite o arquivo /etc/environment:

```
# vi /etc/environment
```

Edite o arquivo para que fique da seguinte forma:

```
http_proxy="http://192.168.1.1:3128"
ftp_proxy="http://192.168.1.1:3128"

Acquire {
HTTP::Proxy 192.168.1.1:3128;
FTP::Proxy 192.168.1.1:3128;
        };
alias wget="wget -Y on"
```

No caso anterior foi configurado para que o apt-get busque a conexão através do servidor proxy 192.168.1.1 pela porta 3128.

Edite o arquivo apt.conf:

```
# vi /etc/apt/apt.conf
```

Capítulo 23 - Servidor de Domínio Primário no Ubuntu 7.10 ➢ 215

Configure também da mesma forma:

```
Acquire{
HTTP::proxy "http://192.168.1.1:3128";
FTP::proxy "http://192.168.1.1:3128";
     }
```

Altere o arquivo /etc/profile com o comando a seguir:

```
# echo "export http_proxy ftp_proxy" >> /etc/profile
```

2º CASO - ATRÁS DE UM PROXY AUTENTICADO

Novamente edite o arquivo **/etc/environment** e defina o usuário, a senha, seguido de @, o IP do servidor proxy (:) e a porta utilizada. Exemplo: **usuario: senha@192.168.1.1:3128.**

```
# vi /etc/environment
```

Insira o conteúdo a seguir no arquivo "environment":

```
http_proxy="http://usuario:senha@192.168.1.1:3128"
ftp_proxy="http:// usuario:senha@192.168.1.1:3128"

Acquire {
HTTP::Proxy usuario:senha@192.168.1.1:3128;
FTP::Proxy usuario:senha@192.168.1.1:3128;
     };

alias wget="wget --proxy-user=usuario --proxy-passwd=senha"
```

Veja qual caso se aplica suas condições, caso não seja nenhuma delas, se o seu servidor SAMBA está ligado diretamente a internet ou se já existir um roteador de forma direta, não modifique nada, use a configuração padrão.

216 ➤ Virtualização de Sevidores Linux

ATUALIZE O SISTEMA

```
apt-get update
apt-get upgrade
```

INSTALANDO E CONFIGURANDO O SAMBA

Digite os comandos seguintes para baixar e instalar o Samba e os seu adicionais necessários.

```
apt-get install samba samba-common samba-doc libcupsys2-gnutls10 libkrb53 winbind smbclient
```

Edite o arquivo etc/samba/smb.conf, que deverá ficar da forma como mostrada a seguir. Alterando os dados em negrito colocando de acordo com o desejado.

```
[global]
workgroup = GRUPO DE TRABALHO
netbios name = SERVER1
server string = %h server (Samba, Ubuntu)
passdb backend = tdbsam
security = user
username map = /etc/samba/smbusers
name resolve order = wins bcast hosts
domain logons = yes
preferred master = yes
wins support = yes

# configuração do CUPS para impressoras

load printers = yes
printcap name = CUPS
printing = CUPS
printer admin = @lpadmin
```

Capítulo 23 - Servidor de Domínio Primário no Ubuntu 7.10 ≻ 217

```
# Logon Padrão

logon drive = H:
logon script = scripts/logon.bat
logon path = \\server1\home\%U

# Script para adcionar computadores automaticamente

add user script = /usr/sbin/adduser --quiet --disabled-              pas-
sword --gecos "" %u
delete user script = /usr/sbin/userdel -r %u
add group script = /usr/sbin/groupadd %g
delete group script = /usr/sbin/groupdel %g
add user to group script = /usr/sbin/usernod -G %g %u
add machine script = /usr/sbin/useradd -s /bin/false/ -d /var/lib/nobody %u
idmap uid = 15000-20000
idmap gid = 15000-20000
template shell = /bin/bash

# Sincronismo das senha locais com as do SAMBA

passwd program = /usr/bin/passwd %u
passwd chat = *Enter\snew\sUNIX\spassword:*  %n\n  *Retype\snew\sUNIX\spas-
sword:* %n\n *password\supdated\ssuccessfully* .
passwd chat debug = yes
unix password sync = yes

# Definição do loglevel
log level = 3

[public]
browseable = yes
public = yes

[homes]
comment = Home
valid users = %S
read only = no
browsable = no

[netlogon]
comment = Serviço de logon
path = /home/samba/netlogon
admin users = Administrador
valid users = %U
read only = no
guest ok = yes
```

218 ➤ Virtualização de Sevidores Linux

```
writable = no
share modes = no
```

Crie os diretórios para os logons e os profiles:

```
mkdir /home/samba
mkdir /home/samba/netlogon
mkdir /home/samba/profiles
mkdir /var/spool/samba
chmod 777 /var/spool/samba/
chown -R root:users /home/samba/
chmod -R 771 /home/samba/
```

Reinicie o servidor Samba:

```
/etc/init.d/samba restart
```

Edite o arquivo **/etc/host** e coloque o IP e os nomes das estações que irão participar do domínio de backup.

```
[...]
192.168.0.100 server1
192.168.0.110 workstation1
192.168.0.111 workstation2
192.168.0.112 workstation3
192.168.0.113 workstation4
[...]
```

Adicione o root no Samba:

```
smbpasswd -a root
```

Capítulo 23 - Servidor de Domínio Primário no Ubuntu 7.10 ➤ 219

Crie o arquivo **/etc/samba/smbusers** e execute:

```
echo "root = Administrador" > /etc/samba/smbusers
```

Isso fará com que o sistema saiba que o Administrador tem as mesmas permissões do root.

Agora visualize como tudo ficou:

```
smbclient -L localhost -U
```

Deverá ficar mais ou menos assim:

```
Domain=[MYWORKGROUP] OS=[Unix] Server=[Samba 3.0.22]
        Sharename       Type        Comment
        ---------       ----        -------
        public          Disk
        print$          Disk        Printer Drivers
        netlogon        Disk        Network Logon Service
        IPC$            IPC         IPC Service (server1 server
(Samba, Ubuntu))
        ADMIN$          IPC         IPC Service (server1 server
(Samba, Ubuntu))
Domain=[MYWORKGROUP] OS=[Unix] Server=[Samba 3.0.22]
        Server          Comment
        ---------       -------
        SERVER1         server1 server (Samba, Ubuntu)
        Workgroup       Master
        ---------       -------
        MYWORKGROUP     SERVER1
```

Configure os grupos de domínio do Windows para que o Samba saiba como o Windows trata os usuários:

```
net groupmap modify ntgroup="Domain Admins" unixgroup=root
net groupmap modify ntgroup="Domain Users" unixgroup=users
net groupmap modify ntgroup="Domain Guests" unixgroup=nogroup
```

O SISTEMA DE ARQUIVOS DO SERVIDOR DEVE ESTAR FORMATADO COM A SUA PARTIÇÃO /HOME SEPARADA DAS OUTRAS, PARA APLICAÇÃO DA COTA DE DISCO DE FORMA ADEQUADA.

ADICIONANDO USUÁRIOS LOCAIS E NO SAMBA

Adicione primeiramente no sistema:

```
useradd Administrador -m -G users
```

Em seguida no SAMBA:

```
smbpasswd -a Administrador
```

Reinicie o servidor SAMBA.

```
etc/init.d/samba restart
```

QUOTA DE DISCO

O quota é um pacote que trabalha definindo cotas de disco para cada usuário, limitando o acesso e somente sendo usado em sua home o espaço em disco definido pelo administrador do sistema.

Instale o pacote:

```
apt-get install quota
```

Para usar as cotas de disco trabalhe com a tabela do sistema de arquivos do servidor que está localizado em */etc/fstab*. Segue um exemplo do arquivo:

```
# /etc/fstab: static file system information.
```

```
#
#
proc /proc proc defaults 0 0
/dev/hda2 / reiserfs notail 0 1
/dev/hda4 /home ext3 defaults,usrquota,grpquota 0 2
/dev/hda1 none swap sw 0 0
/dev/hdd /media/cdrom0 udf,iso9660 user,noauto 0 0
```

Crie os arquivos que vão gerenciar as cotas de disco, tando por usuário como por grupo.

```
touch /quota.user /quota.group
chmod 600 /quota.*
```

Habilite a partição **/home** para a utilização de cota com o seguinte comando:

```
mount -o remount,rw /share
```

Para verificação da quota segue:

```
mount | grep share
```

Aparecerá a seguinte mensagem:

```
/dev/hda4 on /share type ext3 (rw,usrquota,grpquota)
```

 DIGITE OS COMANDOS A SEGUIR E OBSERVE AS MENSAGENS EXIBIDAS, DEVEM ESTAR EXATAMENTE COMO NO EXEMPLO:

222 ➤ Virtualização de Sevidores Linux

```
quotacheck –augv

quotacheck: Quota for users is enabled on mountpoint /share so quotacheck might
damage the file.
Please turn quotas off or use -f to force checking.

quotaon -augv

quotaon: using /share/aquota.group on /dev/hda4 [/share]: Device or resource
busy
quotaon: using /share/aquota.user on /dev/hda4 [/share]: Device or resource
busy

ls -lah

total 37K
drwxr-xr-x 3 root root 4,0K 2006-09-16 17:10 .
drwxr-xr-x 23 root root 616 2006-09-16 14:16 ..
-rw------- 1 root root 6,0K 2006-09-16 17:10 aquota.group
-rw------- 1 root root 6,0K 2006-09-16 17:10 aquota.user
drwx------ 2 root root 16K 2006-09-16 14:13 lost+found
```

AS MENSAGENS EXIBIDAS SÃO DE VERIFICAÇÃO DO SISTEMA DE COTAS, OBSERVE SE HAVERÁ ALGUM ERRO, CASO OCORRA REPITA O PROCEDIMENTO EM BUSCA DE FALHAS.

DEFININDO LIMITES DE DISCO PARA OS USUÁRIOS

Para adicionarmos cotas para um determinado usuário ou grupo:

```
#edquota usuario
```

```
Disk quotas for user roberto (uid 1000):
Filesystem blocks soft   hard inodes soft hard
/dev/hda4  10020 12000  13000  3     5    6
```

EXPLICANDO:

FILESYSTEM – partição pré-definida que terá a edição das cotas. Exemplo, /dev/hda4.

BLOCKS – espaço máximo em disco (especificado em Kbytes) que o usuário possui. Exemplo, 10020 Kbytes.

SOFT – limite em disco usado. Exemplo, 12000 Kbytes.

HARD – limite que o usuário poderá ultrapassar. Exemplo, 13000 Kbytes.

INODES – número máximo de arquivos que o usuário possui atualmente na partição. Exemplo, 3 inodes.

SOFT – limite de número de arquivos que o usuário/grupo possui no disco. Exemplo, 5.

HARD – limite máximo de número de arquivos que o usuário/grupo possui no disco. Exemplo, 6.

ESPECIFICANDO A EXPIRAÇÃO DE ULTRAPASSAGEM DE COTA

Para editar o limite de expiração digite:

```
#edquota -t
```

```
Grace period before enforcing soft limits for users:
Time units may be: days, hours, minutes, or seconds
Filesystem Block grace period Inode grace period
/dev/hda4 3days 7days
```

FILESYSTEM – sistema de arquivos que terá o período de tolerância.

BLOCK GRACE PERIOD – tempo máximo de tolerância. Exemplo, 3 dias.

INODE GRACE PERIOD – tempo máximo de tolerância. Exemplo, 7 dias.

O seu servidor está pronto!

Dicas

1ª Dica

Configurando o APT-GET

Caso o seu servidor esteja em uma rede onde se use um servidor Proxy, atente para as seguintes configurações, onde existem 2 casos:

1º Caso – Atrás de um Proxy Transparente

Edite o arquivo /etc/environment:

```
# vi /etc/environment
```

Edite o arquivo para que fique da seguinte forma:

```
http_proxy="http://192.168.1.1:3128"
ftp_proxy="http://192.168.1.1:3128"

Acquire {
HTTP::Proxy 192.168.1.1:3128;
FTP::Proxy 192.168.1.1:3128;
    };
alias wget="wget -Y on"
```

No caso visto anteriormente foi configurado de maneira que o apt-get busque a conexão através do servidor proxy 192.168.1.1 pela porta 3128.

Capítulo 23 - Servidor de Domínio Primário no Ubuntu 7.10 ➢ 225

Edite o arquivo apt.conf:

```
# vi /etc/apt/apt.conf
```

Configure também da mesma forma:

```
Acquire{
HTTP::proxy "http://192.168.1.1:3128";
FTP::proxy "http://192.168.1.1:3128";
        }
```

Altere o arquivo /etc/profile com o comando a seguir:

```
# echo "export http_proxy ftp_proxy" >> /etc/profile
```

2º CASO – ATRÁS DE UM PROXY AUTENTICADO

Novamente edite o arquivo /etc/environment e defina o usuário, a senha, seguido de @, o IP do servidor proxy (:) e a porta utilizada. Exemplo: **usuario: senha@192.168.1.1:3128.**

```
# vi /etc/environment

Insira o conteúdo a seguir no arquivo "environment":

http_proxy="http://usuario:senha@192.168.1.1:3128"
ftp_proxy="http:// usuario:senha@192.168.1.1:3128"

Acquire {
HTTP::Proxy usuario:senha@192.168.1.1:3128;
FTP::Proxy usuario:senha@192.168.1.1:3128;
        };

alias wget="wget --proxy-user=usuario --proxy-passwd=senha"
```

Veja qual caso se aplica às suas condições. Caso não seja nenhuma delas, se o seu servidor SAMBA está ligado diretamente à internet ou se já existir um roteador de forma direta, não modifique nada, use a configuração padrão.

226 ➢ Virtualização de Sevidores Linux

Configure o arquivo /etc/apt/sources.list conforme exemplo:

```
#
# deb cdrom:[Ubuntu-Server 7.10 _Gutsy Gibbon_ - Release i386 (20071016)]/
gutsy main restricted

#deb cdrom:[Ubuntu-Server 7.10 _Gutsy Gibbon_ - Release i386 (20071016)]/ gutsy
main restricted
# See http://help.ubuntu.com/community/UpgradeNotes for how to upgrade to
# newer versions of the distribution.

deb http://de.archive.ubuntu.com/ubuntu/ gutsy main restricted
deb-src http://de.archive.ubuntu.com/ubuntu/ gutsy main restricted

## Major bug fix updates produced after the final release of the
## distribution.
deb http://de.archive.ubuntu.com/ubuntu/ gutsy-updates main restricted
deb-src http://de.archive.ubuntu.com/ubuntu/ gutsy-updates main restricted

## N.B. software from this repository is ENTIRELY UNSUPPORTED by the Ubuntu
## team, and may not be under a free licence. Please satisfy yourself as to
## your rights to use the software. Also, please note that software in
## universe WILL NOT receive any review or updates from the Ubuntu security
## team.
deb http://de.archive.ubuntu.com/ubuntu/ gutsy universe
deb-src http://de.archive.ubuntu.com/ubuntu/ gutsy universe
deb http://de.archive.ubuntu.com/ubuntu/ gutsy-updates universe
deb-src http://de.archive.ubuntu.com/ubuntu/ gutsy-updates universe

## N.B. software from this repository is ENTIRELY UNSUPPORTED by the Ubuntu
## team, and may not be under a free licence. Please satisfy yourself as to
## your rights to use the software. Also, please note that software in
## multiverse WILL NOT receive any review or updates from the Ubuntu
## security team.
deb http://de.archive.ubuntu.com/ubuntu/ gutsy multiverse
deb-src http://de.archive.ubuntu.com/ubuntu/ gutsy multiverse
deb http://de.archive.ubuntu.com/ubuntu/ gutsy-updates multiverse
deb-src http://de.archive.ubuntu.com/ubuntu/ gutsy-updates multiverse

## Uncomment the following two lines to add software from the 'backports'
## repository.
## N.B. software from this repository may not have been tested as
## extensively as that contained in the main release, although it includes
## newer versions of some applications which may provide useful features.
## Also, please note that software in backports WILL NOT receive any review
## or updates from the Ubuntu security team.
```

Capítulo 23 - Servidor de Domínio Primário no Ubuntu 7.10 ➢ 227

```
# deb http://de.archive.ubuntu.com/ubuntu/ gutsy-backports main restricted
universe multiverse
# deb-src http://de.archive.ubuntu.com/ubuntu/ gutsy-backports main restricted
universe multiverse

## Uncomment the following two lines to add software from Canonical's
## 'partner' repository. This software is not part of Ubuntu, but is
## offered by Canonical and the respective vendors as a service to Ubuntu
## users.
# deb http://archive.canonical.com/ubuntu gutsy partner
# deb-src http://archive.canonical.com/ubuntu gutsy partner

deb http://security.ubuntu.com/ubuntu gutsy-security main restricted
deb-src http://security.ubuntu.com/ubuntu gutsy-security main restricted
deb http://security.ubuntu.com/ubuntu gutsy-security universe
deb-src http://security.ubuntu.com/ubuntu gutsy-security universe
deb http://security.ubuntu.com/ubuntu gutsy-security multiverse
deb-src http://security.ubuntu.com/ubuntu gutsy-security multiverse
```

Atualize o Sistema:

```
apt-get update
apt-get upgrade
```

2ª DICA

CONFIGURANDO O **PROFTPD**

Digite o comando para instalar o PROFTPD:

```
apt-get install proftpd ucf
```

228 ➤ Virtualização de Sevidores Linux

Edite o aqruivo **/etc/proftpd/proftpd.conf** para que fique da seguinte maneira:

```
vi /etc/proftpd/proftpd.conf

[...]
UseIPv6                    off
[...]

[...]
DefaultRoot ~
IdentLookups off
ServerIdent on "FTP Server ready."
[...]
```

Reinicie o Proftpd:

```
/etc/init.d/proftpd restart
```

3ª DICA

BLOQUEIO PARA MSN NO SQUID

Dentro do **/usr/local/squid** etc edite o arquivo **squid.conf** , adicione as seguintes linhas e crie o arquivo **/etc/squid/regras/negado**:

```
acl msn req_mime_type -i ^application/x-msn-messenger
acl negado url_regex -i src "/etc/squid/regras/negado"
http_access deny negado
http_access deny msn
```

Dentro deste arquivo você terá que colocar a palavra gateway.dll. Se você já tem um arquivo onde você bloqueia certas expressões, basta adicionar nele.

4ª DICA

Configurando Níveis de Acesso no Squid

Será demonstrado uma configuração do Squid com nível de acesso e bloqueio de sites indesejáveis.

Crie os seguintes arquivos:

ACESSO_BLOQUEADO.TXT – usuários com acesso bloqueado.

ACESSO_TOTAL.TXT – usuários com acesso total.

LIBERADOS_URL.TXT – sites liberados.

BLOQUEIOS_URL – sites bloqueados.

USUARIOS.TXT – lista de usuários.

IPS_LIBERADO.TXT – lista de IP's liberados.

Salve-os dentro de: **/usr/local/squid/etc/users.**

Segue o arquivo de exemplo:

```
acl autenticacao proxy_auth REQUIRED
acl acesso_bloqueado   proxy_auth   "/usr/local/squid/etc/users/acesso_bloque-
ado.txt"
acl acesso_total        proxy_auth   "/usr/local/squid/etc/users/acesso_total.
txt"
acl liberados_url url_regex   -i  "/usr/local/squid/etc/users/liberados_url.
txt"
acl bloqueios_url url_regex   -i  "/usr/local/squid/etc/users/bloqueios_url"
acl users proxy_auth "/usr/local/squid/etc/users/usuarios.txt"
acl ips_liberado proxy_auth "/usr/local/squid/etc/users/ips_liberado.txt"

#--> Controle de acessos URL

acl rede_interna src 192.168.1.0/255.255.255.0
acl porn url_regex -i "/usr/local/squid/etc/porn.txt"
```

230 ➤ Virtualização de Sevidores Linux

```
#---> ACL's p/ autentenficação NCSA

http_access allow ips_liberado
http_access deny acesso_bloqueado porn
http_access allow acesso_bloqueado
http_access allow acesso_total
http_access allow users

#---> Liberando e bloqueando ACL's
http_access allow porn rede_interna
http_access deny all
```

5ª DICA

LIBERANDO PORTAS ESPECÍCICAS PARA IP´S ESPECÍFICOS

No exemplo seguinte há a liberação da porta 8000 para o IP 192.168.1.50.

```
iptables -t nat -A PREROUTING -p tcp -i eth0 --dport 8000 -j DNAT --to
192.168.1.50:8000
iptables -t nat -A PREROUTING -p udp -i eth0 --dport 8000 -j DNAT --to
192.168.1.50:8000
iptables -A FORWARD -p tcp -s 192.168.1.50 --dport 8000 -j ACCEPT
iptables -A FORWARD -p tcp -s 192.168.1.50 --sport 8000 -j ACCEPT
iptables -A FORWARD -p udp -s 192.168.1.50 --dport 8000 -j ACCEPT
iptables -A FORWARD -p udp -s 192.168.1.50 --sport 8000 -j ACCEPT
```

BIBLIOGRAFIA

1. SITE OFICIAL DO SLACKWARE.

www.slackware.com

2. SITE COM ARTIGOS E DOCUMENTAÇÕES EM PORTUGUÊS PARA SLACKWARE.

www.slacklife.com.br

3. SITE COM DICAS SOBRE LINUX PARA DIVERSAS DISTRIBUIÇÕES.

www.dicas-l.com.br

4. SITE OFICIAL DO DEBIAN.

www.debian.org

5. SITE OFICIAL DO UBUNTU.

www.ubuntu.com

6. SITE OFICIAL DO EBOX.

www.ebox-platform.com

7. SITE OFICIAL DO EXPRESSO.

www.expressolivre.com.br

8. SITE OFICIAL DO SAMBA.

www.samba.org

9. SITE OFICAL DO SQUID.

www.squid-cache.org

10. SITE COM DOCUMENTAÇÃO SOBRE BIND, LDAP, DHCP E OUTROS.

www.bind9.com

Linux Total e Software Livre

Contém CD-ROM com Mandriva Linux 2007 Spring

Autor: *Heverton Anunciação*
1328 páginas.
ISBN: 978-85-7393-599-8

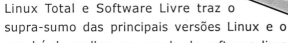

Linux Total e Software Livre traz o supra-sumo das principais versões Linux e o que há de melhor no mundo do software livre. Destaca-se:

Instalação das Distribuições Conectiva, Mandriva, Slackware e Fedora Core; Interfaces X Window, Gnome e KDE; Administração; Programação no Linux: Java/JDK e Eclipse, ColdFusion MX e Shell Scripting; Linux Networking e Internet (Samba, Qmail, MySQL, NFS, DHCP, VNC, DNS, FTP, Mailing List, SSH, Web server NCSA, Apache e Tomcat); Linux Security (Squid Proxy, VPN, IPTables, Firewall); Linux Telecom e PDA (no Celular e Palmtops); **Linux Hobby (monte uma rádio, vídeo, Stream MP3);** Linux na Empresa (softwares Office para empresas e economia); Monte uma Lan House e Internet Café com Linux; 50 Casos de Sucesso Empresarial no Brasil; Centenas de Aplicações Grátis para todos os públicos de usuários e técnicos; Histórico, Arquitetura, Comandos e Dispositivos.

À venda nas melhores livrarias.

Rede Segura
VPN Linux

Autor: Bruno Ricci

240 páginas
1ª edição - 2007
Formato: 16 x 23
ISBN: 978-85-7393-583-7

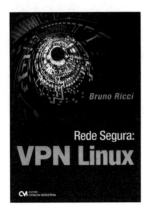

O livro Rede Segura: VPN Linux destina-se a profissionais que desconheçam a tecnologia de redes virtuais privadas, aqueles que desejam aprender os principais recursos e também aos que já utilizam a tecnologia e desejam aprofundar seus conhecimentos. O livro é dividido em três partes: a primeira apresenta toda teoria necessária para que o leitor nivele seu conhecimento, permitindo com isso uma boa evolução ao longo da leitura deste material. Na segunda parte é apresentado ao leitor o conceito de rede virtual privada, protocolos de tunelamento e outros conceitos relativos a segurança da informação. Já na terceira e última parte são apresentados detalhadamente vários estudos de casos que viabilizam inúmeras maneiras de se utilizar à solução de rede virtual privada em diferentes ambientes.

À venda nas melhores livrarias.

Impressão e Acabamento
Gráfica da Editora Ciência Moderna Ltda.
Tel. (21) 2261-6662